INTELLIGENT ORGANIZATION

Data-Driven Management in the AI Era

智能组织

数据与AI重塑的组织管理

李宁 ◎著

机械工业出版社
CHINA MACHINE PRESS

图书在版编目（CIP）数据

智能组织：数据与 AI 重塑的组织管理 / 李宁著.
北京：机械工业出版社, 2025. 6. -- ISBN 978-7-111
-78699-3

Ⅰ. F272.7
中国国家版本馆 CIP 数据核字第 2025J53M64 号

机械工业出版社（北京市百万庄大街 22 号　邮政编码 100037）
策划编辑：吴雨靖　　　　　　　　责任编辑：吴雨靖　梁智昕
责任校对：王文凭　张慧敏　景　飞　责任印制：李　昂
涿州市京南印刷厂印刷
2025 年 8 月第 1 版第 1 次印刷
147mm×210mm・9.75 印张・3 插页・168 千字
标准书号：ISBN 978-7-111-78699-3
定价：79.00 元

电话服务	网络服务
客服电话：010-88361066	机 工 官 网：www.cmpbook.com
010-88379833	机 工 官 博：weibo.com/cmp1952
010-68326294	金 书 　 网：www.golden-book.com
封底无防伪标均为盗版	机工教育服务网：www.cmpedu.com

PREFACE
序

当我们生病时,第一反应往往是寻求医生的帮助。当医生给出诊疗决策后,如果病人问:"这种治疗方法有效吗?""根据临床研究数据,这种方法在80%的类似病例中取得了显著效果。"医生可能会这样回答。这就是"循证医疗"的实践——基于严谨的临床试验和统计分析,以科学证据为基础做出诊疗决策。

企业同样会"生病",病症包括团队效率低下、人才流失、创新匮乏、毒性组织文化蔓延等。面对这些"企业病症",管理学界长期以来也一直倡导"循证管理"——以研究证据和系统性数据为基础做出决策,而非仅依赖畅销书中的成功案例、行业大咖的经验之谈或顾问公司的

"最佳实践"。

然而，尽管循证管理理念已提出多年，其实践却远未普及。作为一名长期专注于组织行为学研究的学者，我在与众多企业交流的过程中发现了一个颇为矛盾的现象：数字化转型已为企业积累了前所未有的数据资源，本应为数据驱动的决策提供坚实的基础，但同一家企业在业务运营与人才管理上的数据应用成熟度却截然不同。

一家领先的电商企业的高管曾向我展示他如何利用大数据算法优化供应链、预测消费者行为、制定动态定价策略，甚至能根据天气变化调整商品展示顺序。然而，当话题转向如何进行人才管理时，这位高管却承认："说实话，在这方面，我们还是主要靠经验和直觉。"

这种反差令人深思：为何企业能精确预测消费者何时会点击购买按钮，却难以预测哪些员工可能在下个季度离职？为何企业能根据数据持续优化产品功能，却难以系统性地提升团队的创新能力？

深入思考后，这种差距的根本原因渐渐明晰：业务运营的目标通常具体明确，如提高点击率或降低库存成本，这些指标易于量化和优化；而人才管理则涉及许多看似抽象的概念，如创新力、贡献度、敬业度等，这使得许多管理者在人才决策上仍然依赖管理艺术和个人经验。

不过，这种状况正迎来根本性的变革，数据驱动的人才管理条件已日益成熟。

首先，数字化转型为组织管理提供了前所未有的数据基础。现代企业的日常运作几乎全部实现了数字化，从内部社交平台到协作工具，从项目管理系统到人力资源系统，每一个工作环节都在产生海量数据。这些数据不仅记录了"做了什么"，更反映了"如何做的"——团队如何协作，信息如何流动，决策如何形成。

其次，随着中国市场的增速放缓，竞争加剧，"大力出奇迹"的粗放式管理方式已不再适用。在高速增长时期，企业可以靠规模和资源投入取胜，细微的组织效率差别往往被市场红利掩盖。但如今，市场趋于成熟，增长空间收窄，企业竞争已从"跑马圈地"转向"精耕细作"。在这样的环境下，提升组织效能、降本增效、激发创新潜能等"内功"建设变得尤为关键。这使得企业管理者开始重新审视如何用科学的方法优化组织管理。

最后，人工智能（AI）技术的迅猛发展大大降低了数据分析的门槛。过去，数据驱动的人才管理往往只有谷歌、微软等科技巨头才能做到，它们拥有专门的分析团队和强大的技术支持。多数企业缺乏相应的人才和资源，难以进行类似的实践。而如今，生成式 AI 的出现彻底改变了这一局面，它极大地降低了数据分析和解读的技术门槛，使得中小企业也能借助相关工具实现数据驱动的组织管理。这种普惠性为各类企业的组织管理开启了全新的可能。

正是基于这些观察和思考，我将多年研究和实践积累的洞见整理成系统化的方法论，聚焦数据驱动的组织管理决策。其核心在于引入 $Y=f(X)$ 分析框架，将复杂的组织现象分解为可测量、可验证的因果关系。这一框架本质上是在管理目标（Y）与关键影响因素（X）之间建立起科学的联系，通过数据分析识别真正有效的行动杠杆。

值得注意的是，AI 在赋能数据驱动的管理的同时，也引发了关于数据与算法应用的伦理思考。在追求效率的同时，人文关怀和价值观导向不容忽视。数据和算法是管理者的辅助工具，而非替代者；它们应当用于增强人的能力，而非削弱人的主体性。

在写作本书的过程中，我得到了许多企业家、管理者和学者的启发与支持。他们慷慨地分享了各自在利用数据驱动组织管理的道路上的经验与教训，这些一手资料极大地丰富了本书的内容，也使我的理论观点更加接地气。在此，我向他们表示衷心的感谢。

我深知，数据驱动的组织管理是一个不断发展的领域，本书所呈现的只是当前阶段的认知与实践。随着技术的进步和管理理念的演变，这一领域必将迎来更多的创新与发展。我期待与读者一起，在这个充满可能性的探索之旅中不断学习、思考和成长。

如果本书能够帮助读者在组织管理上少走一些弯路，或为数据驱动的决策提供一些新的视角，那么它就有价值。正如循证医疗改变了医学实践，我相信，循证管理也将重塑企业的决策方式，让组织管理更加科学、高效，也更加人性化。

CONTENTS 目录

序

第1章 组织数字化转型的挑战和机遇 /1

1.1 数字化转型的最后一公里困境 /2

1.2 组织面临数字化转型困境的原因 /8

1.3 数据驱动的组织管理的机遇 /13

1.4 前沿探索：人工智能加速组织的数字化转型 /19

1.5 小结 /22

第2章 数据驱动的管理的本质 /25

2.1 数据驱动的管理的核心逻辑 /27

2.2 把事做对 vs 做对的事 /37

2.3 人的行为真的可以被预测吗 /43

2.4 利用数据驱动的方式创造价值 /55

2.5 小结 /69

第 3 章　打造数据驱动的思维模式 /71

3.1 假设思维：数据时代的决策基石 /74

3.2 变量思维：理解复杂组织现象的关键 /85

3.3 统计思维：科学客观地理解数据的方法 /95

3.4 因果思维：探寻现象背后的本质联系 /98

3.5 前沿探索：AI 辅助数据驱动的管理 /105

3.6 小结 /107

第 4 章　用数据驱动的方式选人 /111

4.1 用数据驱动的方式选人的核心逻辑 /114

4.2 为什么非结构化面试不靠谱 /127

4.3 为什么选人不能单看工作经验 /133

4.4 案例：谷歌如何优化招聘流程 /140

4.5 前沿探索：利用 AI 优化招聘决策 /144

4.6 小结 /151

第 5 章　用数据驱动的方式评估人　/153

5.1　数字管理的诱惑与陷阱　/154
5.2　客观数据能否反映员工贡献　/155
5.3　从理论到实践：评估体系的理论基础及其应用　/160
5.4　用数据驱动的方式设计有效的评价指标　/172
5.5　让数据驱动的评估体系走在前面　/186
5.6　小结　/187

第 6 章　隐形关系的力量：个体网络属性与组织敏捷性　/191

6.1　案例：一个关键员工的离职引发的连锁反应　/192
6.2　组织网络：让隐形关系可视化　/194
6.3　个体层面：组织影响力与网络角色　/203
6.4　案例：销售人员如何利用自己的网络　/214
6.5　组织网络分析助力 360 度测评：从正式组织关系到真实协作　/220
6.6　小结　/224

第 7 章 组织网络分析：决定组织的能力、效率和创新的关键 /227

7.1 组织的能力、效率和创新的重新定义 /229

7.2 常见的组织网络指标及其组织意义 /232

7.3 组织网络指标与组织效能的关联：研究与实践 /239

7.4 利用组织网络分析诊断和打破部门墙 /248

7.5 组织网络与创新力：从"小世界"到"大火花" /251

7.6 小结 /262

第 8 章 智能组织：技术赋能与人文关怀的平衡 /265

8.1 生成式 AI 赋能智能组织 /266

8.2 数据驱动的管理的价值观思考 /286

8.3 小结 /295

后 记 /297

第 1 章

组织数字化转型的挑战和机遇

1.1 数字化转型的最后一公里困境

在这个数据驱动的时代，我们常常听到"数据就是新的石油"这样的说法。然而，正如原油需要精炼才能变成有用的燃料，原始数据也需要被正确地收集、分析和应用，才能真正为组织创造价值。许多企业在数字化转型的过程中，发现自己陷入了一个困境：它们拥有海量数据，却无法有效地利用这些数据来指导决策和推动创新。这就是我们所说的"数字化转型的最后一公里困境"。

1.1.1 科技新星的数据困境

陈晓是一家快速成长的科技公司 TechNova 的新任 CEO，她的办公室放满了显示各种数据和指标的屏幕。收入图表、客户获取率和产品使用统计数据不断在她眼前闪现。TechNova 投入了数百万美元进行数字化转型，自豪地称自己是一家"数据优先"的公司。

然而，当陈晓审阅最新的季度报告时，一种挫败感在她心中蔓延。尽管手头掌握着海量数据，她却发现自己无法回答一些关于公司的最关键的问题：

- 各部门的顶尖人才是谁？
- 为什么在某些地区，营销团队的表现始终优于销售团队？
- 哪些员工存在职业倦怠的风险或正在考虑离职？
- 最近的领导力培训项目效果如何？
- 组织的活力和创新表现怎么样？

TechNova已经将从与客户互动到内部沟通的一切都数字化了。企业内部工作群持续活跃，项目管理工具里塞满了任务和截止日期，人力资源系统细致地记录着每个员工在公司的整个职业周期中的细节。但是，当涉及对公司最宝贵的资产——员工做出战略决策时，陈晓感觉自己仿佛在盲飞。

"我们被大数据淹没，却没有产生什么有价值的洞察。"陈晓摇头叹息道。

她回想起最近的一次高管会议。人力资源部门负责人自豪地展示了一份100页的报告，里面充满了色彩缤纷的图表，然而，当被问及什么是员工敬业度的关键驱动因素或如何识别未来的领导者时，他的回答却模糊不清，更多的是基于直觉而非确凿的证据。

陈晓站起身来，走到窗边，俯视着下方繁忙的园区。她看着员工们在建筑物之间匆忙穿梭，每个人身上都有未被开发的潜力和未被量化的价值。

陈晓意识到，TechNova 正面临着"数字化转型的最后一公里困境"。他们已经成功地实现了公司运营的数字化，但未能利用由此产生的数据进行战略决策，特别是在人才管理方面。

"一定有更好的方法，"她思考着，"我们拥有这么多数据，如何才能真正理解我们的组织，做出更好的决策，并释放员工的全部潜力？"

回到办公桌前，陈晓做出了一个决定：是时候让 TechNova 跨越数据采集和数据驱动的管理之间的鸿沟了。她拿起电话，拨通了首席数据官的电话：

"亚历克斯，我们需要谈谈。是时候让我们的数据发挥作用了——不仅仅是为了我们的产品，更是为了我们的员工和整个组织。"

陈晓还不知道，这次谈话将是公司迈向真正的数据驱动的组织管理的第一步……

1.1.2　数据泛滥下的管理迷思

TechNova 的案例并非特例。事实上，这种"数据丰富但洞察匮乏"的困境在当今的商业世界中普遍存在。许多企业虽然拥有海量数据，却仍然难以真正了解自身和自己的员工。这种困境在一些看似荒诞的管理决策上得到了充分的体现，让我们来看一个引起广泛争议的真实案例。

2024 年，中国电商巨头京东突然宣布了一系列新政策，严格管理员工的考勤和工作时间，具体措施包括严禁代打卡行为，每天早上 9 点统计到岗人数，缩短午休时间并禁止熄灯，以及对在晚上 6 点下班的员工进行工作饱和度考量等。这些决定在社交媒体上掀起了轩然大波，许多人认为这是工作制度的倒退。

京东创始人刘强东在 5 月 24 日的高管会上解释了做出这些决定的原因。他表示："凡是长期业绩不好、从来不拼搏的人不是我的兄弟。现在很多老员工在公司几乎处于半退休状态。"这番言论反映出公司管理层对员工工作态度的不满，以及对提高工作效率的迫切需求。

这种现象并非京东独有。在远程办公成为新常态的今天，许多公司都采取了类似的措施：有些公司要求员工在家办公时必须全天开启摄像头，以确保他们"在岗工作"；有些公司引入了复杂的监控软件，用来记录员工的键盘敲击次数和鼠标移动频率；还有些公司要求员工每小时汇报一次工作进度。

乍看之下，这些做法似乎显得有些荒诞，甚至有悖于现代管理理念。然而，如果我们深入思考，就会发现这些看似简单粗暴的管理方式其实反映了一个更深层次的问题：组织对自身和员工的了解严重不足。

这些做法背后其实蕴含一种朴素的数据管理逻辑。组织希望了解员工的工作贡献，但缺乏有效的评估手段。管理者对员工的工作状态和效率尚且难以把握，更遑论能对整个组织的运营状况有全面的认识。

在这种情况下，管理者退而求其次，选择了最直观、最容易量化的指标：在线时长、打卡记录、键盘敲击次数等。他们希望通过这些简单的数据来评估员工的工作表现和贡献。

然而，这种方法存在明显的局限性。它忽视了工作质量，因为长时间在线并不等同于高效工作。一个员工可能花费8个小时才能完成任务，另一个员工可能只用2个小时就能高质量地完成。严格的考勤制度可能会扼杀员工的创造力，因为很多创新想法往往产生于非工作时间或非传统的工作环境。过度监控还会让员工感到不被信任，降低他们的工作积极性和忠诚度。更重要的是，像客户满意度、团队协作能力、问题解决能力等，都无法通过简单的考勤数据来衡量。

那么，我们不禁要问：在组织内部已经实现数字化、拥有海量数据的今天，为什么还要采用如此原始的管理方法呢？

这个现象反映出了当前数据驱动的管理面临的核心挑战。首先，数据收集与数据应用之间存在鸿沟，组织可能拥有海量数据，但缺乏将这些数据转化为有意义的洞察的能力。其次，管理者可能对"有价值的数据"存在误解，过于关注易于量化的指标，而忽视了那些更难衡量但可能更重要的因素。此外，即使拥有正确的数据，组织可能也缺乏必要的人才和分析工具来解读这些数据。最后，传统的命令控制式管理思维可能抑制了组织充分利用数据驱动决策的潜力。

这些挑战凸显了组织在数据驱动管理道路上的艰辛，它们不仅需要收集正确的数据，还需要培养解读数据的能力，更重要的是，要建立一种基于信任和相互赋能的新型管理文化。

1.2 组织面临数字化转型困境的原因

1.2.1 数字化转型进程的前后失衡

在当今的数字化浪潮中,许多企业呈现出一种引人深思的不平衡状态:业务端的数据应用蓬勃发展,而组织端却仍在数据的迷雾中摸索。这种现象不仅反映了数字化进程的前后失衡,更揭示了企业在跨越"数字化转型的最后一公里"时面临的深层挑战。

在业务运营领域,数据的价值已经得到充分的体现和利用。以电子商务为例,从用户浏览到最终购买,每一个环节都被精细地量化和分析。当你打开某个购物 app 时,首页展示的商品往往与你的兴趣高度吻合,这正是大数据分析的成果。电商平台利用用户的搜索行为数据、浏览历史和购买记录,构建复杂的推荐算法,实现精准营销。这种数据驱动的方法不仅改善了用户体验,还显著提升了转化率。

数据的力量在库存管理中同样显而易见。通过分析历史销售数据、季节性需求变化和市场趋势,电商企业能够精确预测各类商品的需求量。这种预测不仅优化了库存水平,还显著减少了滞销和缺货的情况,从而直接影响企业的运营效率和盈利能力。同时,在物流领域,借助实时交通数据和历史配送记录，物流系统能够动态规划最优配送路线，在大幅提高配送效率的同时，降低成本。

产品设计和用户界面优化也深受数据分析的影响。企业广泛采用 AB 测试，通过对反馈数据进行比较分析，快速识别哪种版本的设计更受用户欢迎，从而不断优化用户体验。这种方法使得产品迭代更加精准和高效，极大地提升了用户满意度。

这些例子生动地展示了数据是如何在业务端直接创造价值的。在这些领域，数据的收集、分析和应用形成了一个完整的闭环，每一个决策都建立在坚实的数据基础之上。更重要的是，这些数据驱动的决策能够迅速转化为可见的业务成果：**更高的转化率、更优的库存周转、更快的配送速度，以及不断提升的用户满意度。**

然而，当我们将目光转向组织管理领域时，情况却大不相同。尽管企业在人力资源管理、员工绩效评估等方面也积累了大量数据，但这些数据往往难以转化为有价值的洞察。这种困境的根源是多方面的，首先是数据孤岛问题。不同部门和系统之间的数据往往是割裂的，这种分散的数据结构使得管理者难以获得员工表现的全景图，从而影响了决策的全面性和准确性。

其次是组织管理中往往缺乏能真正反映员工价值和潜力的深层数据。一个员工的创新能力、团队协作精神或解决问题的能力等难以用简单的数字来衡量，传统的绩效指标，如完成任务的数量或工作时长，往往无法全面反映员工的真实贡献。

此外，组织管理中的许多数据（如绩效评估数据）依赖于主观输入，这些数据的质量和一致性常常受到质疑。不同评估者可能有不同的标准，导致数据的可比性和可靠性较低。

让我们以"奋斗者"的评定为例来具体说明这个问题。许多公司都在尝试通过数据来识别和奖励"奋斗者"，但在这个过程中遇到了诸多挑战。是否应该用工作时长来衡量？这可能导致"假加班"现象的出现。工作时长是否等同于工作产出？这忽视了工作效率和质量。如何量化员工的创新贡献？一个灵光一现的想法可能比数月的常规工作更有价值。这些问题凸显了组织管理中数据应用的复杂性。

更深层次的问题在于，如何评估数据驱动的组织管理的价值。在业务端，数据驱动决策的价值可以通过销售增长、成本降低等指标直接量化。但在组织端，数据驱动决策的价值往往是长期的、间接的，难以用具体的数字衡量。例如，一个基于数据的人才发展计划可能在短期内看不到明显效果，但长远来看可能能培养出公司未来的领导者。

这种价值评估的困难进一步加剧了组织在管理数据应用上的犹豫。因为这种应用没有明确的投资回报率（ROI），所以管理层往往难以下定决心在这个领域大规模投入资源。结果是，尽管组织端的数据化进程在推进，但其深度和广度远不及业务端。

1.2.2　文化和决策惯性

在探讨了业务端和组织端在数据应用上的不平衡后，我们需要进一步深入分析这种差异的根源。**数据驱动的组织管理核心在于利用数据来优化与人相关的管理决策，然而，在这一过程中，管理文化和决策惯性成了不可忽视的阻力**。这种阻力不仅体现在技术层面，更深刻地反映了管理思维的固化和对数据驱动的方法根深蒂固的怀疑。

长期以来，管理被视为一门艺术，而非科学。许多资深管理者坚信，有效的管理需要具备高度的灵活性，必须因人而异，根据具体情况做出判断。这种观点在某种程度上确实有其合理性，毕竟每个员工都是独特的个体，拥有不同的特质、动机和潜力。然而，这种思维方式也容易导致对数据驱动的管理的抵触。

许多管理者对数据驱动的人力资源决策持怀疑态度。他们质疑：数据真的能反映人的本质吗？一个人的创新能力、领导潜质或团队协作精神真的可以通过冰冷的数字来体现吗？更重要的是，他们常常认为，基于数据进行决策比不上依据多年积累的经验和直觉进行决策。这种观点部分源于对数据的误解，部分源于对自身判断能力的过度自信。

事实上，数据驱动的管理并非要完全取代人的判断，而是要为决策提供更坚实的基础。例如，在人才选拔中，数据分析可以帮助管理者识别过去容易被忽视的潜在人才，或者预测某个候选人在特定岗位上的可能表现。但最终的决策仍需要管理者根据具体情况，结合数据洞察和个人经验做出。

然而，改变根深蒂固的管理文化和决策惯性绝非易事。许多管理者习惯于依赖自己的直觉和经验做决策，对于需要解读复杂数据和分析报告的新方法感到不适应甚至抗拒。这种抗拒不仅来自对新事物的天然警惕，更源于对自身权威和专业判断能力会受到挑战的担忧。

更深层次的挑战在于，组织的数字化转型远比技术升级复杂得多，它触及了组织的核心运作方式和决策机制——这正是数字化转型的"深水区"。在这个阶段，企业不仅需要引入先进的数据分析工具和技术，更需要从根本上重塑管理文化，建立数据驱动的决策机制，提高全员的数据素养。

这种转型要求管理者学会在直觉和数据之间找到平衡，既尊重数据带来的洞察，又不完全抛弃人性化的判断。它还要求组织建立新的评估体系，既衡量传统的业绩指标，又考虑如创新能力、学习能力等难以量化的软实力。跨越这个数字化转型的深水区无疑是艰难的，但这个过程也充满机遇。那些能够成功驾驭数据浪潮，在组织管理中有效运用数据洞察的企业，将在未来的竞争中占据先机。这不仅关乎效率和生产力的提升，更关乎组织的持续创新能力和长远发展潜力。在这个数据驱动的新时代，如何在科学管理与人性化管理之间找到平衡，将成为每个组织必须面对和解决的核心课题。

1.3　数据驱动的组织管理的机遇

数据驱动的组织管理需要长期坚持和不断完善。与业务端能够迅速看到成效不同，组织端的数字化转型更像是一个"修炼内功"的过程，需要耐心和持续的投入。这种转型不会立竿见影，但其影响是深远而持久的。

例如，一家制造企业通过引入数据分析系统来优化生产流程，可能在短期内就能看到生产效率的提升和成本的降低。但是，如果这家企业想要利用数据来提高员工敬业度，提高团队协作效率，或者优化人才培养体系，效果可能需要数月甚至数年才能显现。

我们也要认识到，数据驱动的组织管理并不能解决所有问题，尤其是在战略方向的选择上，领导者的远见和判断不可或缺。一个典型的例子是英伟达的创始人兼首席执行官黄仁勋在CUDA（统一计算设备架构）技术上的长期布局。

早在2006年，当人工智能还未成为热点话题时，黄仁勋就开始推动CUDA的发展。这一决策并非基于当时的市场数据或短期利益考量，而是源于他对未来计算需求的前瞻性判断。这种战略性决策最终使英伟达在人工智能大发展的时代占据了有利地位，为公司创造了巨大的价值。这种层面的决策，往往超出了数据驱动的管理的范畴，需要领导者的洞察力和勇气。

1.3.1 谷歌数据驱动的管理文化

> 在谷歌，所有关于人的决策都是基于数据和分析做出的。
> ——谷歌人力运营部

那么，数据驱动的组织管理究竟能做什么？谷歌的例子或许能给我们一些启示。尽管在最近的人工智能竞赛中,有人认为谷歌显得有些保守,可能错过了一些机会。但不可否认的是,谷歌仍然是人工智能领域当之无愧的领跑者。

谷歌在人工智能领域的成就是有目共睹的。从谷歌搜索的持续优化到谷歌翻译的突破性进展,再到 AlphaGo 战胜世界顶级围棋选手,谷歌在人工智能领域的成就令人瞩目。特别值得一提的是,现今生成式 AI 的基石之一——Transformer 模型,正是出自谷歌团队之手。这个在 2017 年提出的模型架构彻底改变了自然语言处理领域的格局,并为后来的 GPT 系列、BERT 等模型奠定了基础。这些成就的背后,是谷歌长期以来坚持的数据驱动的管理文化。

谷歌数据驱动的管理文化体现在组织管理的方方面面。

在人才招聘方面,谷歌利用数据分析优化了整个招聘流程。相关工作人员分析了大量的面试数据,发现传统的脑筋急转弯问题与员工的实际工作表现几乎没有相关性,因此,他们取消了这类问题。相反,他们根据数据分析结果,设计了更能预测候选人未来表现的结构化面试问题。

在员工留存方面,谷歌利用数据分析和预测哪些员工可能会离职,并采取相应措施。例如,它发现新晋升的经理最容易离职,就专门为这群人设计了培训项目,从而显著降低了人才流失率。

谷歌还利用数据来优化团队协作。通过分析高效团队的特征，谷歌发现心理安全感是最重要的因素之一。基于这一发现，谷歌在公司内部推出了一系列旨在提升团队心理安全感的实践。

在绩效管理方面，谷歌摒弃了传统的年度绩效评估，转而采用更频繁、更及时的反馈机制。这一变革是由于谷歌对大量数据进行了分析，结果显示持续反馈比年度评估更有助于员工的成长和绩效提升。

正是这种持续不断的数据驱动方法的优化，使得谷歌成为全球最具吸引力的雇主之一，多年来在各种最佳雇主榜单中名列前茅。这种吸引力不仅源于其优厚的薪酬待遇，更源于其独特的管理文化和持续学习、创新的氛围。

谷歌的例子告诉我们，数据驱动的组织管理虽然不能解决所有问题，但却能在日常运营中持续优化决策，从而在长期的积累中构建强大的组织能力。这种方法也许无法直接带来像英伟达那样的战略性突破，但它能够为公司打造一个持续创新、高效运转的组织环境，为未来的突破奠定坚实基础。

1.3.2　数据驱动决策的中国实践

在中国科技行业的蓬勃发展中,数据驱动决策已成为领先企业的核心竞争力。本节将通过三个典型案例,展示中国企业如何将数据分析深度融入管理决策过程。

字节跳动:数据驱动的绩效评估

字节跳动通过自研的飞书平台建立了一个完整的数据驱动的管理体系。该系统的核心是将日常工作中产生的数据转化为管理决策的依据,它会自动收集和分析员工在过去半年内的各种协作数据,包括 OKR 完成情况、会议参与度、文档协作频率和日常沟通记录等。

在绩效评估方面,字节跳动开发了一个独特的数据驱动的评估系统。该系统基于协作数据,为每个员工选择最合适的评价官,确保评价基于真实的工作互动而非行政关系。系统还会分析每个评价者的打分尺度并进行校准,消除个人偏见的影响,使来自不同评价者的分数具有可比性。

这种数据驱动的评估方法取得了显著成效。它不仅提高了绩效评估的客观性和准确性,还为人事调动和薪酬决策提供了可靠的依据。更重要的是,它培养了一种基于数据而非直觉做决策的管理文化。

腾讯：数据驱动的人才管理

腾讯通过成立专门的人力分析部门，将大数据分析应用于人才管理实践。其中，最具代表性的是"面试官红绿灯"制度——通过分析每个面试官历史决策的准确性，为他们设置"红灯"或"绿灯"标识，评价标准包括近2年入职者的绩效表现、离职率等关键指标。这种基于数据的评估体系显著提升了招聘决策的准确性。

在人才发展方面，腾讯推出了数据驱动的"活水计划"。该计划通过分析员工的绩效数据、技能特点和发展需求，实现公司内部的精准人才匹配。人力分析部门会持续追踪参与者的发展轨迹，不断优化匹配算法，从而推动内部人才的流动。

携程：混合办公的科学试验

携程在决定是否将混合办公作为长期政策时，采用了严谨的数据驱动方法。它以工程、市场和财务等部门的1612名员工为研究对象，设计了一个为期六个月的随机对照试验。参与者被随机分配到混合办公模式（周三和周五在家工作）组或传统的五天办公室工作制组（对照组）。

试验收集了全面的数据指标，包括定期绩效评估、晋升率、离职率、员工满意度等。对于软件工程师，还特别统计了代码产出量。试验结果令人关注：混合办公模式组的离职率比对照组降低了1/3，而在生产力指标上两组的表现没有显著差异。这不仅打消了公司对混合办公影响效率的担忧，还证实了该办公模式对提升员工满意度的积极作用。

基于这些有数据支持的结论，携程决定将混合办公政策推广到全公司。这项研究后来发表在《自然》杂志上，为企业如何用科学方法指导重大管理决策提供了典范。

这三个案例展示了数据驱动决策在不同场景下的应用：从日常的绩效评估到人才招聘，再到重大政策制定。它们的共同点是：用数据代替直觉，用科学方法指导管理实践。这种基于数据的决策方式，正在重塑中国企业的管理模式。

数据驱动的组织管理是一场持久战。它要求企业建立长期主义的意识，不断投入资源，持续优化流程，培养全员的数据思维。虽然这个过程可能缓慢而艰难，但其累积效应却是巨大的。在如今日益复杂和快速变化的商业环境中，那些能够坚持数据驱动管理，不断提升组织能力的企业，终将在长跑中脱颖而出，赢得持久的竞争优势。

1.4 前沿探索：人工智能加速组织的数字化转型

人工智能技术的快速发展，特别是生成式 AI 的出现，为组织的数字化转型和数据驱动管理带来了革命性的变革。这不仅加速了组织的数字化进程，还打破了数据驱动的管理长期以来被视为只有大企业才能做到的局面，为各种规模的企业开辟了新的可能性。

首先，人工智能技术显著加速了组织的数字化转型。传统上，数据驱动的管理常常面临短期投入与长期回报之间的矛盾，以及人才储备不足和存在技术门槛等障碍。人工智能的出现大大解决了这些问题。一个典型的例子是某物业服务公司的创新实践。该公司面对生活服务业业务零散、服务非标准化等特征带来的质量评估困境，选择了一个独特的切入点——晨会管理。

这家公司在2024年开发了一个名叫"AI晨会质检"的智能应用软件，利用大语言模型对晨会的录音、图片和视频进行多模态分析。这个应用软件能够有效识别会议中暴露出的服务意识不足、动作缺位等问题。例如，它可以围绕"是否进行规范问候""是否对投诉进行回顾和进展了解"等关键节点进行打分，并提出改进建议。通过对"做得好"与"做得不好"的双向反馈，该公司实现了全国110个地级市物业项目的规模化、标准化、智能化的质量监控和服务提升。

其次，人工智能技术，尤其是大模型的多模态能力，极大地拓展了可用于分析的数据来源。过去，许多非结构化数据如音频、图像和视频往往被忽视或难以充分利用，现在这些数据成了宝贵的信息源。在上述案例中，人工智能不仅能分析文字记录，还能理解和处理语音、图像等多种形式的数据，从而全面评估晨会质量，识别各种服务问题。这种全方位的数据利用为管理决策提供了更全面、更深入的洞察。

最后，人工智能降低了数据分析和决策支持的技术门槛，使得即使是缺乏专业数据分析团队的中小企业也能够利用数据驱动的管理方法。该物业公司的首席数据官指出，使用人工智能模型替代人工检查，每次检查成本低至 5 毛钱，大幅降低了质检成本。这不仅提高了效率，还使持续、大规模的质量监控成为可能。

人工智能在组织管理中正在从单一的数据分析工具逐步发展成为一个全面的管理助手。它可以自动发现数据中的模式和规律，提供洞见和建议，甚至在某些情况下直接参与决策过程。例如，人工智能可以分析员工绩效数据，识别高潜力人才；分析客户反馈，预测市场趋势；或者通过分析运营数据，优化资源分配。

然而，我们也需要认识到，人工智能并非万能的。有效利用人工智能进行数据驱动管理仍然需要人类的智慧和判断。组织需要培养具备数据素养和人工智能素养的管理人才，确保他们能够正确理解和应用人工智能的分析结果，并在此基础上做出明智的决策。

总的来说，人工智能的出现为数据驱动管理开辟了新的前景。它不仅加速了组织的数字化进程，还通过降低技术门槛和扩大数据来源使数据驱动管理变得更加高效和普及。在未来，那些能够有效结合人工智能和人类智慧的组织，将在竞争中占据更大的优势。随着技术的不断进步，我们可以期待看到更多创新的人工智能应用，它们将进一步推动组织管理的革新和进步。

1.5 小结

通过深入探讨数据驱动的管理的概念、挑战和实践，我们看到了这一管理方法在现代组织中应用的巨大潜力和复杂性。从企业面临的数字化困境到中国科技巨头的创新实践，再到人工智能带来的新机遇，数据驱动的管理正在重塑组织的运营模式和决策方式。然而，要真正实现数据驱动的组织管理，企业还需要克服诸多挑战，包括技术、文化和人才等方面的阻碍。在接下来的章节中，我们将更深入地探讨如何构建有效的数据驱动的管理体系。

- 在当今复杂多变的商业环境中,直觉和经验已不足以应对各种挑战。数据驱动的管理可以通过系统性地收集、分析和应用数据为决策提供客观依据,从而提高决策的准确性和效率,帮助企业在竞争中保持优势。
- 许多企业面临"数据丰富但洞察匮乏"的困境。随着数字化程度的提高,企业积累了海量数据,但往往缺乏将这些数据转化为有价值的洞察的能力,无法从这些数据中获得有意义的信息来指导实际决策和行动。
- 数据驱动的管理在业务端已得到广泛应用,但在组织端仍面临诸多挑战。在市场营销、产品开发等业务领域,数据分析已经得到广泛应用。然而,在人力资源管理、组织文化建设等方面,数据的应用还相对滞后,面临着数据质量、隐私保护、评估标准等多方面的挑战。
- 人工智能技术的发展正在加速组织的数字化转型,降低数据驱动管理的门槛。人工智能技术,特别是大语言模型的出现,使得数据分析变得更加容易和高效。这不仅加速了组织的数字化进程,还使得中小企业也能够负担得起并实施数据驱动的管理。
- 人工智能技术扩展了可用于分析的数据类型，使得非结构化数据也能为决策提供洞察。传统意义上难以处理的非结构化数据，如音频、视频、图像等，现在可以通过人工智能技术进行分析。这极大地扩展了可用于决策的信息源，为管理者提供了进行更全面的洞察的机会。

第 2 章

数据驱动的管理的本质

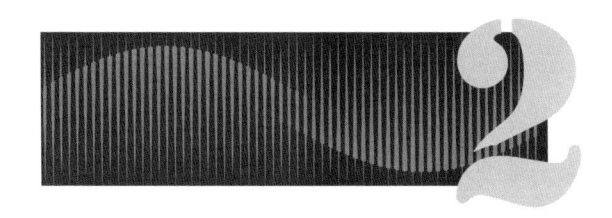

想象一下，你正在参加一个高管会议，讨论如何提高公司的创新能力。会议室里充斥着各种建议：增加研发预算、引进新的人才、改善工作环境等。这时，一位年轻的经理提出了一个问题："我们能不能退一步，思考一下创新的本质是什么？"

这位经理的问题，正是在运用第一性原理思维方式。

第一性原理是物理学中的一个概念，指的是一个系统中最基本的命题或假设，它不能被违背或分解。在管理领域，第一性原理思维方式意味着抛开既有的假设和惯例，回到问题的最根本，从最基本的事实出发重新思考。

埃隆·马斯克大力推崇这种思维方式。他曾说："我们应该尽量把事物归结到最基本的真理上，然后从那里开始推理。"正是这种思维方式让他在火箭发射、电动汽车等领域做出了突破性的创新。

那么，组织管理中的第一性原理是什么呢？

2.1 数据驱动的管理的核心逻辑

2.1.1 数据驱动的管理的公式

回到我们的创新讨论。如果运用第一性原理思维方式，我们可能会问：创新的本质是什么？它是为了解决什么问题？我们如何衡量创新的成果？

这就把我们带到了组织管理的核心问题：我们想要达成什么目标？我们如何实现这个目标？

在数据驱动的管理中，第一性原理思维方式可以表述为：

- 明确定义组织的目标（Y）。
- 识别影响这些目标的关键因素（X）。
- 利用数据来理解 X 和 Y 之间的关系。
- 基于这些关系做出决策并采取行动。

这个简单而有力的框架，实际上概括了管理的本质。具体而言，我们可以用一个公式来表示 X 和 Y 之间的关系：

$$Y=f(X_1, X_2, X_3, \cdots, X_n)$$

回到创新的例子。假设我们的目标 Y 是"开发出市场上没有的爆款产品"。这个目标更具挑战性，也更能体现真正的创新。影响这个目标的因素 X 可能包括员工的创新能力、跨部门协作效率、市场洞察的准确度、产品开发周期，以及用户反馈的收集和应用效率等。

数据驱动的管理就是要通过收集和分析这些因素 X 的数据，找出它们与 Y 之间的关系，从而做出更明智的决策。这个过程并不简单，却能带来深刻的洞察。

想象一下，你是一家科技公司的产品经理。你们团队一直在努力开发下一个爆款产品，但似乎总是差那么一点儿。通过采用数据驱动的方式，你开始收集各种数据：员工提出的创意的数量和质量、跨部门会议的频率和成效、市场调研报告的预测准确率、从萌生概念到产品发布的平均时长，以及用户反馈的数量和对产品迭代的影响程度。

随着数据的积累和分析，一些令人惊讶的洞察逐渐浮现。你发现，创意的数量与爆款产品的诞生并无直接关系，但高质量的跨部门协作却是关键因素。这个发现让你对公司的创新策略重新进行了思考。你还注意到，缩短产品开发周期不一定能带来更好的结果。相反，给予足够的时间进行市场验证和产品完善可能更为重要。这个洞察改变了你对"快速迭代"的理解。

最让你惊讶的是，数据显示，用户反馈的应用效率与产品成功率高度相关。这个发现促使你开始考虑如何建立一个更高效的用户反馈系统。

这种数据驱动的方式的好处在于，它让我们摆脱了固有思维的束缚。我们不再简单地遵循行业惯例（如"增加研发预算"）或个人直觉（如"引进新的人才"），而是回到问题的本质，并用数据来指导行动。

运用第一性原理思维方式，结合数据分析，能够帮助我们找到解决问题的关键抓手。在你的案例中，这个"抓手"可能不是传统意义上的增加投入，而是改善跨部门协作。你可能会发现，相比于追求更多的创意，培养员工快速验证和迭代想法的能力可能更为重要。建立一个能够快速收集和应用用户反馈的系统，可能比单纯追求创意的数量更能预测新产品的成功。

这就是数据驱动的管理的魅力所在：它不仅告诉我们"做什么"，更告诉我们"为什么这样做"。当你向团队提出要改善跨部门协作时，你不再只是基于直觉，而是可以明确地指出，数据显示，高效的跨部门协作是产生突破性创新的关键。当你建议投资快速原型开发和用户测试系统时，你可以自信地说，数据表明，快速验证和迭代想法的能力与成功开发爆款产品高度相关。

这种方法让管理决策不再仅仅是一种基于经验和直觉的艺术，而更接近于一门基于数据和分析的科学。它使决策过程更加透明、可解释，也使决策更容易得到团队的理解和支持。然而，这并不意味着我们完全抛弃了直觉和创造力。相反，数据驱动的管理为我们的创造力提供了一个更好的框架和方向。它告诉我们哪里最需要我们的创意，哪些领域最有可能产生突破性的结果。

在实际应用中，数据驱动的管理是一个持续优化的过程。你可能会发现，随着时间的推移，影响目标的因素或者某些因素的重要性会发生变化。因此，定期回顾和调整你的数据收集和分析策略是非常重要的。

在接下来的章节中，我们将更深入地探讨如何运用这种思维方式，如何利用数字化手段来量化 X 和 Y。我们将看到，如何将抽象的数据转化为具体的行动计划，如何在日常管理中进行持续优化，以及如何在组织中培养这种数据驱动的文化。我们希望通过这些讨论为你提供一个全面的视角，帮助你在组织中实施数据驱动的管理方法。

2.1.2　数字化管理：从数据量化到决策闭环

在理解了 $Y=f(X_1, X_2, X_3, \cdots, X_n)$ 这个公式后，我们面临的关键挑战是如何在实际管理中构建一个完整的数据驱动的决策系统。这正是数字化转型为现代组织管理带来的革命性变革。数字化不仅提供了前所未有的机会来量化各类管理要素，更重要的是，它为我们搭建了一个从数据收集到分析洞察，再到决策执行和优化的完整闭环系统。

在传统管理中，许多关键指标往往难以被精确衡量，管理者常常依赖经验和直觉来做决策。然而，在数字化时代，几乎所有的业务流程都可以被数字化，从而产生海量数据。这为我们提供了一个全新的视角来审视组织运作的方方面面。但是，正如许多组织所发现的，仅仅拥有数据是远远不够的，我们常常会陷入"数据丰富但洞察匮乏"的困境。出现这种情况的根本原因在于，我们没有从海量数据中识别出真正重要的 X 和 Y，也没有找到它们之间的关系。

业务运营中的 X 和 Y 可能相对直接和明显，但在组织管理中，真正重要的 X 和 Y 通常隐藏在表面数据之下，需要我们进行深入的挖掘和提炼，要进行数字化管理通常包含两个关键步骤，如图 2-1 所示。

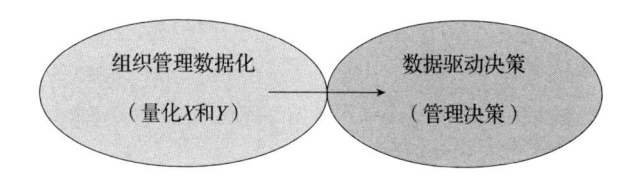

$$Y=f(X_1, X_2, X_3, \cdots, X_n)$$
找到 X 和 Y 的关系

图 2-1　数字化管理的两个关键步骤

让我们以提高员工绩效为例来说明这个过程。

组织管理数据化

数字化工具使我们能够收集多样化的数据，不仅包括传统的指标，如打卡次数、在线时长等，还包括更深层次的信息，如员工在内部沟通平台上的活跃度、跨部门协作的频率和质量、参与培训的情况等。

然后可以进行数据分析和洞察提炼：通过综合分析这些数据，我们可能会发现一些非传统但重要的影响因素（X），如工作自主权、跨部门协作频率、持续学习能力和发展机会等，这些因素可能才是真正影响员工绩效（Y）的关键。

数据驱动决策

基于这些分析，管理者可以制定更有针对性的策略。例如，如果发现领导力评分对团队绩效有显著影响，可以增加对中层管理者的培训投入。

循环优化：实施基于数据的决策后，会产生新的数据和结果。新数据又会被纳入下一轮的分析，从中可能会发现新的 $X—Y$ 关系或修正原有的假设。这种循环将不断推动组织管理的精细化和科学化。

这个过程同样适用于其他管理领域。例如，在评估组织的创新能力时，我们可能会发现，真正重要的不是表面的专利申请数量，而是组织的失败容忍度、跨职能团队的形成频率、员工参与决策的程度等深层次因素。

通过这种方式，数字化转型使我们能够超越直觉和经验，基于实际数据来理解组织运作的核心机制。这种方式帮助我们识别出那些真正重要但可能被忽视的因素，从而做出更明智的管理决策。

总的来说，数字化转型为组织管理带来的不仅是更多的数据，更是一种全新的管理方法论。它使我们能够将抽象的 $Y=f(X_1, X_2, X_3, \cdots, X_n)$ 公式转化为具体的管理实践，从而在复杂多变的商业环境中做出更加明智和有效的决策。通过不断地进行数据收集、分析、决策和优化，组织能够建立起一个自我学习、持续改进的系统，这正是数字化时代组织管理的核心竞争力所在。

2.1.3　为什么业务端的数据驱动决策做得更好

在探讨数据驱动决策的应用时，我们发现业务端和组织端存在显著差异，如图 2-2 所示。业务端的目标函数清晰，驱动因素明确，而组织端的目标函数则相对模糊。这种差异源自多个方面。

目标的明确性明显不同。业务端的目标通常非常具体和可量化，如销售额、点击率、市场份额等，它们与企业的财务表现直接相关，容易被定义和衡量。相比之下，组织端的目标如"组织能力"或"优秀员工"等就显得抽象多了。这种抽象性使得组织端的目标难以被精确定义和量化，从而增加了数据驱动决策的难度。

❶ 具体可量化的目标（销售额、点击率等）

❷ 直接明显的驱动因素

❸ 大量直接相关的数据

❹ 成熟的预测模型，无须过多解释

❺ 短期可见效果，快速调整优化

❶ 抽象的目标（组织能力、优秀员工等）

❷ 无形因素（企业文化、领导风格等），难以量化

❸ 模糊和间接的数据，以主观评估为主

❹ 需要深入的领域知识，结合定性和定量的分析方法

❺ 效果需要数月甚至数年才能看到

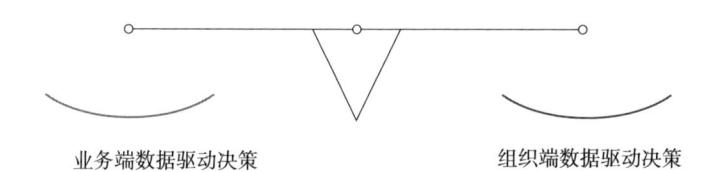

业务端数据驱动决策　　　　　　组织端数据驱动决策

图 2-2　比较业务端和组织端的数据驱动决策

驱动因素的可识别性存在显著差异。在业务端，影响目标的因素往往更加直接和明显。例如，广告投放、产品定

价、客户服务质量等都与销售直接相关。这些因素不仅容易识别，也相对容易衡量。而在组织端，影响组织能力或员工表现的因素可能包括企业文化、领导风格、团队动力等，这些因素往往是无形的，难以被直接观察和量化。这种差异直接影响了数据收集和分析的难易程度。

数据的丰富程度和直接程度不同。业务活动通常会产生大量直接相关的数据。每一次交易、每一次客户互动都可以被记录和分析。这些数据直接反映了业务活动的效果。相比之下，组织行为相关的数据往往更加模糊和间接。例如，如何准确衡量员工的创新能力或团队协作效率？这些数据往往需要通过间接方式收集，如问卷调查或主观评估，这种方式增加了数据的不确定性和解释的难度。

算法模型的适用性是一个重要方面。在业务端，算法模型不需要过多解释就可以应用，算法工程师可以解决大部分问题。这是因为业务数据通常具有明确的结构和直接的因果关系。例如，预测销售额或客户流失率的模型已经相当成熟。然而，在组织端，仅仅依靠算法模型是远远不够的，还需要深入的领域知识，结合定性和定量的分析方法，如此才能得出有意义的结论。

反馈循环的速度和历史积累情况也是造成差异的重要原因。业务决策的效果通常可以在短期内被观察到，这种快速的反馈使得业务端能够迅速调整策略，优化模型。相比之下，组织管理的决策可能需要数月甚至数年才能看到明显效果，这延长了组织端学习和优化的周期。同时，业务分析和决策支持系统已经有几十年的发展历史，形成了许多行业标准和最佳实践。而组织管理的数据驱动决策还处于相对早期阶段，缺乏广泛认可的标准和方法。

从第一性原理来看，业务端之所以能更好地应用数据驱动决策，是因为它的数据更符合科学方法的基本要求：可观察性、可重复性和可验证性。业务活动产生的数据更容易观察和衡量，试验更容易重复，结果更容易验证。这些特性使得业务端的数据驱动决策更容易被实施和优化。

然而，这并不意味着组织端就无法实现有效的数据驱动决策。相反，正是因为组织管理的复杂性，才更需要我们运用数据驱动的方式来破解其中的奥秘。这需要我们在多个方面做出努力，具体包括：明确定义组织目标；将抽象概念转化为可衡量的指标；识别并量化关键的组织行为和特征，建立更精细的数据收集机制；结合定量和定性方法，充分利用领域专家的知识；开发更适合组织管理特点的分析模型和工具；建立长期的数据积累和分析机制，以应对组织变革的长周期特性。

2.2 把事做对 vs 做对的事

2.2.1 效率和效能

在企业管理中，我们常常面临一个关键问题：是专注于"把事做对"，还是更注重"做对的事"？这个问题反映了效率（efficiency）与效能（effectiveness）之间的平衡，也体现了战术执行和战略方向的权衡。要深入理解这个问题，我们需要采取问题导向的思维方式，并将其与数据驱动的管理的第一性原理相结合。

效率关注的是"把事做对"，即以最小的投入获得最大的产出。而效能则强调"做对的事"，即确保我们的行动能够产生真正有价值的结果。这个看似简单的差异，却常常被组织忽视，从而导致资源错配和战略失误。

让我们通过一个常见的例子来说明这种差异：很多企业在追求效率的过程中，可能忽视了效能的重要性。想象一个公司能够非常快速地协调资源，完成项目，展现出极高的执行效率。然而，如果这些项目本身缺乏价值，甚至根本不需要进行，那么无论执行效率多高，最终也只是在浪费资源。这就是典型的高效率、低效能的情况。

在某些情况下，尤其是在市场快速增长的阶段，"大力出奇迹"的理念可能看似有效。当市场机会充足时，企业可能认为只要把事做完就能获得收益，似乎不需要过多考虑方向的问题。然而，随着市场逐渐成熟，竞争加剧，各种限制条件增多，仅仅依靠效率已经不够。这时，效能的重要性就凸显出来了。

从数据驱动的管理的第一性原理来看，效率和效能的关系实际上反映了短期利益和长期发展之间的平衡。数据驱动的核心目标不仅仅是提高短期的操作效率，更重要的是通过数据分析和洞察，确保企业在正确的方向上前进，这本质上是一种长期主义的体现。

柯达的案例是一个经典的警示。在数码相机技术兴起之初，柯达在提高胶片生产效率方面表现出色。它的生产线运转得更快，成本不断下降，一切看起来都非常高效。然而，柯达忽视了市场的根本性转变——消费者的需求正在从胶片转向数字影像。尽管柯达在运营上很有效率，但它没有"做对的事"，最终这个百年企业逐渐衰落。

相比之下，亚马逊的故事则截然不同。亚马逊不仅注重运营效率，更重视战略方向的正确性。它持续收集和分析海量数据，不断调整业务方向。从最初的网上书店到全品类电商平台，再到云计算服务（AWS），亚马逊始终保持着对市场趋势的敏锐洞察，确保公司不仅能高效运营，更重要的是在正确的赛道上参与竞争。

2009年，当中国的云计算市场还处于萌芽阶段时，阿里巴巴就敏锐地察觉到了云服务的巨大潜力。尽管当时阿里巴巴的核心业务是电子商务，但阿里巴巴决定大力投入云计算领域。初期，这个决策看似效率不高，因为它需要将大量资源投入到一个尚未成熟的市场。然而，阿里巴巴坚持"做对的事"，持续投资和创新。结果证明，这个战略决策极具前瞻性——如今，阿里云已成为亚太地区最大的云计算服务提供商之一，不仅为阿里巴巴创造了新的增长引擎，还推动了中国数字经济的发展。

2.2.2　在招聘过程中平衡效率和效能

在探讨效率与效能的问题时，招聘过程提供了一个直观的例证。通过分析企业如何平衡招聘的速度和质量，我们可以深入理解效率与效能之间的微妙关系，同时也能看到 X—Y 第一性原理在实际管理中的应用。

招聘效率通常通过一系列可量化的指标来衡量，如招聘周期、招聘成本、简历筛选速度、面试转化率和职位填补速度等。这些指标对应 X 轴，即我们可以直接观察和控制的变量。随着数字化招聘工具的广泛应用，如 AI 简历筛选和在线测评，许多企业确实在这些 X 轴指标上取得了显著进步。招聘流程变得更快、更省钱，看似非常高效。

招聘的真正目标是为企业找到合适的人才，推动企业的长期发展。这对应 Y 轴，即我们真正关心但难以直接观察或控制的结果。在招聘中，Y 轴可能包括新员工的实际表现、杰出人才的比例、员工留存率、员工职业发展轨迹、文化契合度，以及新员工为公司带来的创新和突破等。然而，这些指标在短期内难以衡量，而且许多企业缺乏相关的长期跟踪数据。

事实上，大多数招聘企业和用人单位并没有系统性地收集和分析招聘后的效果数据。它们往往缺乏用于验证招聘筛选中关键因素有效性的信息。更重要的是，许多企业尚未意识到采用数据驱动的方式的重要性。这导致长期以来企业更多地关注可以被直接量化的招聘效率，而对于招聘效能的评估往往停留在用人单位的主观感受层面，如"这批招聘的人看起来不错"或"这次招聘的质量似乎很高"。这种缺乏数据支撑的判断可能会导致企业错过更优秀的人才，也无法客观评估招聘策略的真实效果。

在这方面，谷歌的招聘策略提供了一些启示，展示了如何将 X—Y 第一性原理应用于实际管理。长期以来，从效率的角度来看，谷歌的招聘流程可以说是"低效"的代表——

它的招聘过程以严格和耗时而闻名，面试轮数可能多达 15～25 轮。从表面上看，这种做法似乎与追求效率的主流观念背道而驰，不过谷歌采用了持续的 $X—Y$ 数据驱动的方式来优化其招聘模型。它深入分析 Y 轴上的各种指标，包括但不限于新员工在公司内的绩效评级、留存时间等。通过对这些长期数据进行分析，谷歌能够不断优化其招聘流程，在保证人才质量的同时提高效率。

一个典型的例子是，谷歌通过数据分析发现，在 4 轮面试之后，额外面试对候选人评估的准确度提升有明显的边际递减效应。基于这一发现，谷歌将原本的 15～25 轮面试减少到了 4 轮。这一调整既大幅降低了时间和资源成本，又保证了筛选的准确度，实现了招聘效率和效能的平衡。

腾讯的"面试官红绿灯制度"也是一个典型案例，它展示了如何用数据驱动的方式优化招聘过程，同时巧妙地将 $X—Y$ 第一性原理应用于实际管理。这个系统特别关注面试官的表现评估，通过建立面试官直接行为（X 轴）与其带来的长期结果（Y 轴）之间的联系，为我们提供了一个深入思考招聘质量的新视角。

在这个创新的评估体系中，X 轴代表面试官可以直接控制的行为和决策表现，这包括他们对选人决策、面试技巧的运用以及对候选人评估的准确性。与之相对应的 Y 轴则反映了这些决策带来的长期影响，主要体现在新入职员工的绩效表现、员工的留存率，以及他们在公司的长期发展等方面。

具体来说，腾讯为面试官设置了绿色标签和红色标签。绿色标签代表高效能，其标准是近 2 年入职者绩效表现优秀（大于 4 分），半年内离职率低（小于 10%），这意味着这些面试官的选人决策导致了积极的长期影响。相反，红色标签代表低效能，其标准是近 2 年入职者绩效表现欠佳（小于 2 分），半年内离职率高（大于 25%），这表明这些面试官的决策质量较低，导致了消极的长期影响。

这种评估方法的优势在于它创造了一个数据驱动的闭环反馈系统。通过将招聘结果直接反馈给面试官，系统地帮助面试官理解自己决策的长期影响，从而持续改进面试技巧和提高判断力。它不仅仅是一个评估工具，更提供了一个学习和发展的机会，鼓励面试官在做出决策时充分考虑可能带来的长期影响。

腾讯的这个系统还可以作为一种有效的激励机制。通过设置高效能和低效能标签，公司可以适当奖励那些持续做出高质量决策的面试官，同时为决策质量较低的面试官提供针对性的培训和支持。这种方法不仅提高了整体的招聘质量，也为面试官创造了一个持续学习和改进的环境。

2.3 人的行为真的可以被预测吗

在探讨数据驱动管理的过程中,我们不可避免地会遇到一个根本性的问题:人的行为真的可以被预测吗?这个问题不仅关乎理论,更直接影响管理实践。数据驱动决策的一个核心原理是通过数据找到影响人行为、绩效等关键指标的内在规律和关键抓手,这种方法的前提是假设人的行为具有相当程度的规律性,可以用类似于 $Y=f(X_1, X_2, X_3, \cdots, X_n)$ 这样的函数关系来描述。

然而,这个假设常常受到质疑。许多管理者坚信人是复杂的,需要"因材施教",灵活对待。他们认为人的行为太过复杂且不可预测,难以用简单的数学模型来概括。这种观点导致了一些决策惯性,使得一些管理者倾向于依赖直觉和经验,而非数据和分析。

那么,人的行为真的没有规律可循吗?让我们通过一个研究发现来探讨这个问题。

2.3.1 器官捐赠和行为决策

想象一下,你正在申请驾照,在填写表格的过程中,你遇到了一个看似简单的问题:你是否愿意参加器官捐献项目？这个问题可能会让你稍做停顿，思考片刻。但你可能不会想到，这个看似普通的问题背后，隐藏着一个关于人类行为的秘密。

让我们来看一组有趣的数据。图 2-3 展示了欧洲不同国家的器官捐献同意率。

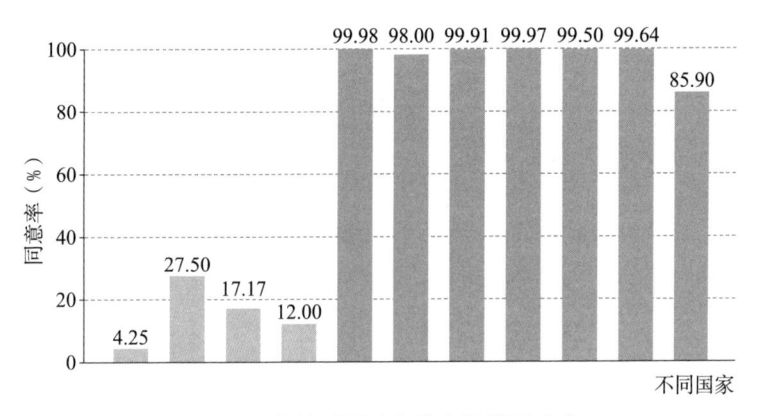

图 2-3　欧洲不同国家器官捐献同意率

资料来源：JOHNSON E J , GOLDSTEIN DANIEL.Do defaults save lives? [J]. Science, 2003, 302(5649): 1338-1339.

看到这些数据，你可能会感到困惑。为什么有些国家的捐献同意率如此之高，而另一些国家却如此之低？这些国家之间存在着什么样的不同，才导致了这种巨大的差异？

在我们揭晓答案之前，不妨花点时间思考一下。这些国家在地理位置上并不遥远，它们的文化、经济发展水平也相对接近。那么，是什么因素造成了这种巨大的差异呢？是宗教信仰的不同？还是公共卫生政策的差异？又或者是这些国家的人对生与死有着截然不同的态度？

在你思考的同时，我们再来看看这些数据背后对应的国家名称，如图 2-4 所示。

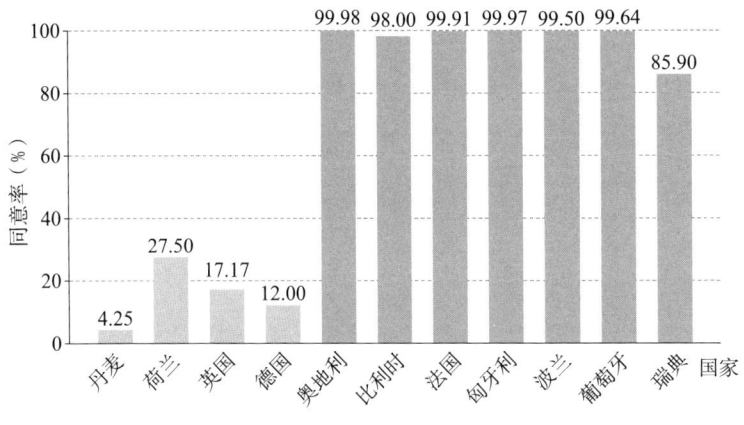

图 2-4　欧洲不同国家器官捐献同意率（含国名）

看到这些国家的名称，你是否更加困惑了？为什么相邻的国家，如德国和奥地利，会有如此巨大的差异？

答案就藏在那个看似简单的驾照申请表格中。

2003 年，芝加哥大学的经济学家理查德·泰勒和法学教授卡斯·桑斯坦在《科学》杂志上发表了一篇题为"默认选项能否拯救生命？"（"Do defaults save lives?"）的文章，揭示了这个谜题的答案。

真相是：这些国家之间的关键区别，仅仅在于它们的默认选项设置不同。

在捐献同意率低的国家（丹麦、荷兰、英国、德国），人们需要主动选择成为器官捐献者（选择加入系统）。而在捐献同意率高的国家（奥地利、法国、匈牙利、波兰），人们则被默认同意成为器官捐献者，除非他们主动选择退出（选择退出系统）。

就是这么简单的不同的默认选项设置，造就了如此巨大的差异。

泰勒和桑斯坦将这种通过改变选择架构来影响人们决策的方法称为"助推"（nudge）。他们认为，由于人们往往倾向于选择最容易的选项，或者保持现状，所以通过设置合理的默认选项，可以在不限制人们自由选择的前提下，引导他们做出更有利于自身或社会的决定。这种倾向被行为经济学家称为"默认效应"或"现状偏见"。

这个案例给我们带来了深刻的启示：人的行为虽然复杂，但确实存在可以被发现和利用的规律。看似微小的因素（如默认选项的设置）可能对行为产生巨大影响。而通过系统性的数据收集和分析，我们可以发现这些隐藏的行为规律。

默认选项的影响力远不止于此。事实上，这一简单而强大的工具已经在多个领域得到了广泛应用。

- **养老金储蓄** 美国的一项研究发现，将员工自动纳入401（k）养老金计划（允许选择退出）而不是要求他们主动加入，可以将参与率从49%提高到86%。这一发现促使美国政府通过了《2006年养老金保护法案》，鼓励雇主采用自动加入机制。
- **环保行为** 一些酒店通过将"重复使用毛巾"设为默认选项，显著降低毛巾洗涤频率，从而节约了水资源和能源。
- **健康饮食** 比如谷歌将健康食品放置在自助餐厅或食堂的显眼位置，使其成为默认选项，从而有效引导人们做出更健康的饮食选择。

2017年，理查德·塞勒因其在行为经济学领域的贡献而获得诺贝尔经济学奖。他的研究深入探讨了默认效应、现状偏见等行为经济学概念，为我们理解人类决策过程提供了新的视角。塞勒的研究不仅在学术界产生了深远影响，还被广泛应用到了公共政策制定和企业管理实践中。

在组织管理中，默认选项的力量可以在多个领域发挥重要作用。以员工福利计划为例，研究表明，将较高的缴费比例（如6%而非3%）设为默认选项，能显著提高整体的养老金储蓄率。尽管员工始终可以自行调整缴费水平，但大多数人倾向于保持默认设置。这种简单的调整不仅能帮助员工为未来做好准备，还能提高他们对公司的忠诚度。同样，在培训政策方面，将某些关键课程设为默认必修可能会提高员工的参与度，改善技能提升效果。这种做法不仅能确保员工可以掌握必要的技能，还能培养持续学习的文化氛围。

当涉及新工作流程或工具的引入时，将新系统设为默认选项可能会加速组织内部的技术采用和流程改进。这种方法可以有效克服员工对新事物的天然抵触，推动整个组织向前发展。此外，在健康管理方面，自动将员工纳入健康计划（同时允许退出）可能会提高参与度，从而改善员工整体健康状况。这不仅有利于员工个人身心健康，还能提升组织的整体生产力。

默认选项的影响力在变革管理中尤为突出。变革之所以困难，很大程度上是因为，"不变"是人们的默认选项。人们天生倾向于维持现状，这种倾向在组织中尤为明显。面对变革，大多数人会本能地选择熟悉和舒适的现状，而非未知的新环境。这种心理倾向常常是组织变革的最大障碍。

一些成功的企业已经意识到这一点，并采取了创新的方法来应对。以阿里巴巴集团为例，这家中国科技巨头通过持续强调"拥抱变化"的文化，试图将变革本身设置为一种默认状态。阿里巴巴集团强调"唯一不变的是变化本身"，这句话不仅是一个口号，更是公司文化的核心。通过这种方式，阿里巴巴集团试图从心理上将变革作为默认选项，以克服组织和个人对变革的天然抵触。

这种做法实际上是在重新定义组织的"默认模式"。通过将变革常态化，员工逐渐接受并期待变化，而不是抵触它。这种文化不仅提高了组织的适应性，还培养了员工的创新精神和灵活性。在快速变化的商业环境中，这种能力往往是企业竞争优势的关键所在。

器官捐赠的研究案例以及默认选项概念在其他领域的应用有力地证明了人的行为确实存在可以被预测的规律。这为数据驱动的管理决策提供了坚实的基础。然而，这并不意味着人的行为完全可以用简单的数学模型来概括。相反，它提醒我们，人类行为的复杂性需要我们采用更加精细和系统的方法来进行分析和理解。

通过持续的数据收集、分析和试验，组织可以逐步建立起对人类行为更深入的理解。这种理解不仅限于发现行为规律，还包括如何巧妙地设计环境和选项，以引导人们做出更好的决策——这正是数据驱动的管理的核心价值所在。

2.3.2 金钱激励的悖论

想象一下,你是一家公司的人力资源主管。你面临一个棘手的问题:如何提高员工的出勤率?依循常规思维你可能会立即想到设立全勤奖。毕竟,用金钱奖励来鼓励良好行为,这不是再自然不过的做法吗?但是,等等!在你急于实施这个看似显而易见的解决方案之前,让我们先来看一个发人深省的研究。

著名经济学家尤里·格尼茨和阿尔多·拉切奇尼在 2000 年进行了一项引人注目的试验,这项研究的结果可能会颠覆你对激励机制的认知。

设想你正在组织一项慈善募捐活动。你有 300 名志愿者,需要将他们分成三组,每组采用不同的激励方式。你会如何设计这个试验?以下是这项研究的设置:

- A 组(控制组) 仅给予一次激励性演讲,强调募捐的重要性。
- B 组 除了激励性演讲,还承诺给予 1% 的募捐金额作为奖励。
- C 组 除了激励性演讲,还承诺给予 10% 的募捐金额作为奖励。

现在，请暂停一下，思考一个问题：你认为哪一组会表现最好？哪一组会表现最差？大多数人可能会认为，C 组会表现最好，而 A 组会表现最差。

然而，如图 2-5 所示，试验结果却大大出乎意料：

- A 组表现最好。
- C 组表现次之。
- B 组表现最差。

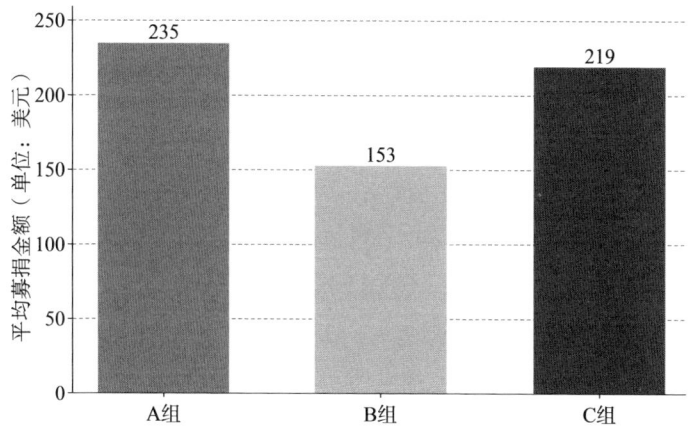

图 2-5 不同激励措施对平均募捐金额的影响

这个结果是不是让你感到惊讶？它挑战了我们对激励机制的传统认知，揭示了人类行为中一些深层次的规律：

- **内在动机 vs 外在奖励** 当没有金钱奖励时（A 组），

志愿者们完全依靠内在动机（如利他主义精神、社会责任感）来驱动自己。这种内在动机往往比小额的外在奖励更有效。

- **奖励的过度合理化效应**　引入小额奖励（B组）实际上降低了表现。这可能是因为金钱奖励"挤出"了原本的内在动机，将纯粹的慈善行为转变为一种交易关系，这在心理学中被称作过度合理化效应。
- **奖励需要"够大"**　只有当奖励足够大（C组）时，才能弥补内在动机的损失，并提供足够的外在激励。

然而，更令人震惊的是第二个试验的结果。研究者让参与者分三组完成 IQ 测试：不提供奖励的控制组、每题答对给予小额奖励的低额奖励组，以及每题答对给予较高奖励的高额奖励组。结果再次颠覆预期：高额奖励组表现最好，控制组次之，低额奖励组表现最差。这个结果特别引人注目，因为即使在缺乏明显内在动机的情况下，我们仍然观察到了类似的规律。

这两个试验揭示了人类行为中一些深层次的规律。首先，激励与表现之间并非简单的线性关系。小额奖励可能比无奖励的效果更差，这完全违背了我们的直觉认知。其次，这些试验暗示了一种阈值效应：只有当奖励达到一定规模时，才能产生积极影响。试验中的发现对设计有效的激励机制具有重要意义。

这项研究的深远意义在于，它不仅揭示了人类行为的高度规律性，同时也暴露了我们思维中的盲点。我们往往依赖简单的"常识"（比如"奖励总是有效的"或"奖励更多等于表现更好"）而忽视了行为背后复杂的心理机制。这种规律性的存在提醒我们要警惕直觉陷阱，重视实证研究，并要认识到环境因素的重要性。

回到全勤奖的问题，尤里·格尼茨和阿尔多·拉切奇尼的研究确实为我们提供了一个全新的视角——也许简单地设立金钱奖励并不总是最佳选择，它可能会带来一系列意想不到的影响。

首先，我们需要考虑过度合理化效应。全勤奖可能会将员工对工作的内在承诺转化为对奖金的追逐，反而降低了员工整体的工作热情。例如，一项针对日托中心的研究发现，对接孩子迟到的家长们收取罚款后，迟到的情况反而变多了，因为家长们将罚款视为一种"服务费"，而不是道德约束。

其次，设立全勤奖可能会触发最低标准效应。员工可能会将全勤奖视为"按时到岗"的补偿，而不是额外的激励，这可能会降低他们超越最低要求的动力。教育领域也有类似的现象。一项研究表明，当学生被告知只要达到某个最低分数就能获得奖励时，他们往往只会努力达到这个分数，而不会追求更好的成绩。

此外，从长期来看全勤奖的效果可能会逐渐减弱。随着时间的推移，全勤奖可能会被员工视为理所当然的福利，而失去其原有的激励作用。这种习惯化效应在许多激励计划中都有体现。例如，一些公司发现，年度奖金逐渐被员工视为固定收入的一部分，而不再具有额外激励的作用。

这种现象很常见，远不止于工作场所。让我们看看另一个经典的例子。理查德·蒂特马斯在1970年的研究中发现，向献血者提供金钱报酬实际上降低了献血率。这一发现与格尼茨和拉切奇尼的研究结果惊人相似。在献血这样的利他行为中，金钱奖励可能会降低人们的内在动机，使献血从一种道德行为转变为一种经济交易。

类似的效应在环保领域也有体现。例如，一些研究发现，对环保行为提供小额奖励可能会降低人们的环保意识，减少人们的长期环保行为。在教育领域，过度强调考试分数和奖励可能会抑制学生的创造力和内在学习动机。

这些例子都说明，激励机制的设计远比我们想象的要复杂。它不仅涉及经济学，还涉及心理学、社会学等多个学科。简单地应用"胡萝卜加大棒"的策略可能会产生适得其反的效果。

总而言之,我们需要超越简单的常识,深入理解人性,并在此基础上制定更加智慧和有效的策略。这不仅适用于全勤奖的设置,也适用于我们生活和工作中的各个方面。在一个日益复杂的世界中,这种基于深刻洞察和科学研究的方法将变得越来越重要。

2.4 利用数据驱动的方式创造价值

在组织管理中,我们常常依赖经验和直觉来做决策。这种方法在很多情况下确实有效,因为凭借人类的经验积累和直觉判断往往能够捕捉到复杂情境中的关键因素。然而,随着商业环境的日益复杂,快速变化,仅仅依靠经验和直觉可能会让我们错过重要的机会或陷入潜在的陷阱——这也是我们需要数据驱动管理方式的原因。

2.4.1 验证认知、拓展认知、挑战认知

数据驱动的管理方式能够在三个关键方面为组织创造价值,这三个方面包括:验证认知、拓展认知和挑战认知。

验证认知

很多管理者可能会认为，"我们已经知道这些了，为什么还需要数据来验证？"，事实上，验证认知的过程本身就能创造巨大的价值。

首先，它能够增强我们的决策信心。当数据支持直觉时，我们可以更加坚定地推进相关决策和行动。例如，一家零售公司可能始终认为它的顾客满意度很高，但直到它真正进行客户调查并分析数据后，才能确认这一点。这种确认不仅能增强管理团队的信心，还能为制订未来的市场策略提供坚实的基础。

其次，验证过程可能会揭示一些微妙但重要的差异。比如，一家科技公司可能认为其员工普遍对公司文化感到满意。然而，通过详细的员工满意度调查，该公司可能会发现虽然员工的总体满意度确实很高，但某些特定部门的员工或某些年龄段的员工存在不满情绪。这种细致的洞察可以帮助公司及时调整政策，防止潜在问题的扩大。

拓展认知

数据驱动的方式能够帮助我们看到原本可能被忽视的模式和关联。这种认知的拓展往往能带来意想不到的收益。

例如，一家制造企业通过分析生产数据发现了一个有趣的现象：工厂的生产效率与员工休息时间的分布有着密切的关联。具体来说，当员工能够灵活安排短暂但频繁的休息时，整体生产效率反而提高了。这一发现挑战了传统的工作时间安排模式，为提高生产效率提供了新的思路。

另一个例子来自一家大型零售连锁店。它通过分析销售数据和客户行为发现了一个意外的关联：店铺的背景音乐节奏与顾客的平均购物时长和消费金额有着显著的相关性。这一发现让公司重新思考了店内的环境设计，并开发了更加精细化的客户体验管理策略。

挑战认知

这可能是数据驱动的方式最有价值的部分。虽然我们的经验和直觉在绝大多数情况下（80%甚至95%的情况下）是正确的，但那些少数的"例外"情况可能蕴含着巨大的风险或机会。数据分析能够帮助我们发现这些反直觉的情况，挑战我们长期以来认为理所当然的观点。

长期以来，许多公司都认为工作时间越长，生产力就越高。然而，微软日本分公司通过一项大胆的试验挑战了这一观点。它实施了为期一个月的四天工作周，结果发现员工的生产力不降反升，上升了40%。这一发现不仅挑战了传统的工作时间安排模式，还引发了人们对工作—生活平衡的重新思考。它表明，提高生产力的关键可能不在于延长工作时间，而在于如何更有效地利用现有的时间。

在产品开发领域，传统观点认为，客户反馈越多越好，产品应该根据客户的需求不断改进。然而，亚马逊的数据分析显示，过多的产品选择实际上会降低客户的满意度和购买率。这一发现挑战了"客户永远是对的"的传统观点，促使企业重新思考产品策略和客户服务方式。它提醒我们，有时候 less is more（少即是多），简化选择可能反而能提高客户的满意度和企业的销售业绩。

在市场营销领域，传统定价理论认为，提价会减少销量。但是，优步（Uber）通过对其动态定价模型的数据分析发现，在某些情况下，略微提价实际上会提高销量。这种"反向定价效应"挑战了基本的经济学原理，为定价策略提供了新思路。它表明，消费者的行为可能比我们想象的更复杂，价格不仅仅是一个成本因素，还可能是质量或价值的信号。

这些例子展示了数据驱动的方式对我们深入骨髓的观点和信念的挑战。通过系统性地收集和分析数据，我们能够发现那些反直觉但极具价值的洞察。这不仅能帮助组织避免陷入固有思维的陷阱，还能使其发现竞争优势的新来源，开辟创新的新途径。

2.4.2 从后置管理到前置决策

传统的管理方法往往是后置的，我们通过 KPI 和绩效考核来回顾和评估已经完成的工作。然而，随着数据收集和分析技术的进步，我们现在有能力实现前置决策，提前捕捉关键信号，从而更加主动地管理和引导组织的发展。

英伟达 CEO 黄仁勋在谈到管理指标时提出了一个令人耳目一新的观点。在斯坦福商学院的一次采访中，他坦言："我不知道什么是 KPI。"相反，他强调了"early indicators of future success"（未来成功的早期指标）的重要性。黄仁勋解释道："因为 KPI 通常是滞后指标。当你看到 KPI 时，通常为时已晚，你已经赢了或输了。而早期指标能让你预见未来，让你有时间去影响结果。"

谷歌的一项开创性研究为我们提供了一个生动的例子，展示了这种方法的力量。谷歌发现，新员工入职第一天的体验可以影响其 9 个月后的绩效。具体来说，如果管理者在新员工入职第一天就主动表示欢迎，并为其安排一些细小但重要的任务，新员工在 9 个月后的绩效平均会提高 15%。这个发现不仅强调了"第一印象"的重要性，还展示了如何通过简单但有针对性的行动来显著影响长期结果。基于这一洞察，谷歌开发了一个"just-in-time"提醒系统，在新员工到来之前提醒管理者采取这些关键行动，从而大大改善了新员工的入职体验并提高了他们的长期绩效。

其他公司也在积极探索数据驱动的人力资源实践。IBM开发了一个AI驱动的"留存预测"模型，可以预测哪些员工可能会在未来六个月内离职。这个模型考虑了包括薪酬水平、晋升历史、绩效评估结果和通勤距离在内的多个因素。通过这个模型，IBM的HR团队可以主动采取措施留住高离职风险的人才。

在这个背景下，我们的研究团队最近完成了一项针对高科技公司的大规模研究，深入分析了新员工的社会化过程。我们分析了8043名新员工在入职后六个月内与近20 000名老员工的日常互动数据，揭示出一些令人惊讶的发现。我们发现了一个被称为"新人主导互动偏差"的现象，与传统的新员工融入理念相悖。研究指出，新员工之间过多的早期互动可能会阻碍他们融入核心组织网络，而不是像传统观点认为的那样：大量互动有助于适应。

更令人惊讶的是，我们发现新员工有效社会化的关键窗口期比想象的要短得多。新老员工互动的影响在新员工入职10天之后就显著减弱了，这说明快速帮助新员工融入核心组织网络十分重要。

这些研究结果展示了数据驱动的方式如何帮助我们从被动的后置管理转向主动的前置决策。然而，实现从后置管理到前置决策的转变并非易事。它需要组织构建强大的数据收集和分析能力，培养数据驱动的管理文化，并且要有勇气基于这些早期信号做出决策。这种方法可能会挑战传统的管理直觉，因为它要求管理者基于尚未完全显现的趋势来做出判断。

2.4.3 基业长青：持续地做出正确的决策

在探讨数据驱动的方式如何创造价值时，我们不能忽视正确决策的持续性这一关键因素。即使是最成功的企业和领导者也面临着一个共同的挑战：如何在不断变化的环境中持续地做出正确的决策。这个挑战的核心在于人性的局限性和经验的双刃剑效应。

人类在决策过程中不可避免地会受到认知偏差的影响。即使是最优秀的领导者也会犯错，而且往往是因为过度依赖过去的成功经验。这种现象在心理学中被称为"成功陷阱"或"经验陷阱"。这种现象最早可追溯到丹尼·米勒于1990年提出的"伊卡洛斯悖论"（Icarus Paradox）。米勒通过对多家企业进行深入研究后发现，就像希腊神话中飞得太高而坠落的伊卡洛斯，成功的公司往往会因为过度依赖过去的成功经验而陷入困境，在面对新的挑战时反应迟缓或决策错误。

举例来说，柯达公司曾经在胶片相机市场占据主导地位，但正是这种成功导致它低估了数字相机技术的潜力，最终错失了转型的机会。有趣的是，数字相机技术最初是由柯达工程师史蒂文·萨松发明的，但公司管理层认为这可能会威胁到他们利润丰厚的胶片业务，因此没有积极推进。

类似地，诺基亚在手机市场的长期成功让它忽视了智能手机革命的重要性，导致其市场份额急剧下滑。诺基亚前 CEO 史蒂芬·埃洛普后来承认，公司过于自信于自身的 Symbian 操作系统，低估了 iOS 和 Android 的潜力。

然而，一些公司，如谷歌，却能够在快速变化的科技行业中持续获得成功。谷歌的秘诀之一就是其数据驱动的文化。这不仅体现在其产品的创新上，更深入到了公司的人力资源管理和决策过程中。谷歌的方法论可以概括为两个核心原则：找到最优秀的人才，并充分发挥他们的潜力。

谷歌前任人力资源副总裁拉斯洛·博克在其著作《重新定义团队：谷歌如何工作》中详细描述了公司的数据驱动方法。例如，他们发现，传统的面试问题（如脑筋急转弯）与应聘者的实际工作表现几乎没有相关性。基于这一发现，他们重新设计了面试流程，更注重结构化的问题和与实际工作场景的联系。

此外，通过分析大量数据，谷歌发现 GPA 和顶尖学校的文凭与应聘者的实际工作表现并无显著相关性，特别是对有工作经验的应聘者而言。谷歌据此调整了招聘标准，更加关注应聘者解决问题的能力和学习能力。

同时，谷歌也利用数据来优化员工的工作环境和发展路径。"氧气计划"（Project Oxygen）就是一个典型例子，通过分析大量数据，谷歌识别出了优秀管理者的特质，并据此改进了管理培训计划。

谷歌的成功不仅在于它善于利用数据，更在于它能够不断质疑和更新自己的假设。谷歌明白，今天的成功经验可能成为明天的枷锁，因此，它建立了一种鼓励尝试和接受失败的文化。谷歌著名的"20% 时间"政策就是这种文化的体现，该政策允许员工将 20% 的工作时间投入到自己感兴趣的项目，这不仅能激发员工创新，也帮助公司避免陷入固有的思维模式。

基业长青的关键在于建立一个能够不断学习和适应的系统。数据驱动的方式为这样一个系统提供基础，它允许企业基于客观事实而非主观直觉做决策，同时通过持续的反馈和分析来调整策略。

以亚马逊为例，其创始人杰夫·贝索斯强调"永远保持 Day 1 的心态"，即保持创业初期的敏捷性和创新精神。这种理念与数据驱动的决策模式紧密结合，使亚马逊能够在快速变化的市场中保持领先地位。

- 利用数据来优化几乎每一个业务决策，从产品推荐到仓储物流。
- 双比萨团队结构（团队规模小到用两个比萨就能喂饱）确保了决策的敏捷性。
- "工作倒推"（working backwards）流程要求在开始任何新项目之前，先写一份新闻稿，这种方法能确保团队始终关注客户需求，而不是陷入内部偏好。

在当今快速变化的商业环境中，企业要实现基业长青，必须建立一种能够持续学习和适应的文化。数据驱动的决策模式为企业提供了一个强大的工具，帮助它们避免"成功陷阱"，持续创新和保持竞争力。谷歌和亚马逊等公司的成功案例表明，将数据分析深入融入企业文化的各个方面，可以帮助企业在持续获得成功的同时，也能保持对新机会的敏感度。

数据驱动并不意味着完全排除人的判断和直觉。相反，它是要用数据来增强和验证人的洞察力，创造一个更加平衡和有效的决策环境。在这种环境中，企业可以在充分利用过去的经验的同时，保持对未来的开放态度，真正实现基业长青。

2.4.4　数据驱动的棒球革命：《点球成金》

2002年春训伊始，奥克兰运动家队的总经理比利·比恩站在空旷的球场上，内心充满忧虑却仍然坚定。他面临着一个看似不可能完成的任务：用区区4000万美元的预算，组建一支能与预算高达1.26亿美元的纽约扬基队抗衡的球队。在大多数人眼中，这简直是天方夜谭。

比恩深知，传统的棒球思维无法解决他的困境。多年来，球探们一直依赖"眼光"来评估球员，关注诸如打击率（batting average）、盗垒数（stolen bases）和防守能力等显而易见的指标。但比恩意识到，这些传统指标可能掩盖了球员真正的价值。

机缘巧合下，比恩遇到了耶鲁大学经济学专业的毕业生保罗·德波德斯塔。德波德斯塔向比恩介绍了一种革命性的方法——赛贝尔指标（sabermetrics），这种方法不仅关注表面数据，更深入分析每个球员对球队胜利的实际贡献。

比恩和德波德斯塔深入研究数据，他们的发现令人震惊。传统观点认为，盗垒是制造得分机会的关键。然而，数据显示，一次成功的盗垒仅能为球队增加 0.3 次得分机会，而失败的盗垒则会减少 0.6 次得分机会。这意味着，在考虑潜在风险的情况下，除非成功率超过 70%，否则盗垒实际上会降低球队的得分可能。

更令人惊讶的是，他们发现上垒率（on-base percentage，OBP）比过往重视的传统指标——打击率更能预测一个球员的价值。数据显示，上垒率每提高 1%，球队在整个赛季就能多赢 3 场比赛。这个发现彻底颠覆了传统的球员评估体系。

基于这些数据揭示的洞察，比恩开始寻找那些被传统评估体系低估的球员。他的目光落在了斯科特·哈特伯格——一个因伤病几乎被迫退役的捕手身上。传统的球探可能会对哈特伯格嗤之以鼻，但比恩看中了他惊人的 0.361 的上垒率。尽管哈特伯格从未打过一垒手，比恩还是决定冒险签下他并将他转型。

另一个被比恩看中的球员是查德·布拉德福德——一个投球姿势奇特的投手，大多数球队都因为他的怪异投球方式而对他敬而远之。但数据显示，布拉德福德的有效防御率

（earned run average，ERA）仅为2.90，远低于联盟的平均水平4.27。比恩明白，这正是他们需要的廉价而高效的投手。

比恩的策略不仅限于选用人才，还延伸到了比赛策略中。传统观点认为，牺牲触击（sacrifice bunt）是推进跑者的好方法。然而，数据显示，使用一个出局数换取一个垒包实际上降低了得分的可能性。比恩指示他的球员放弃牺牲触击，这在当时的棒球界引起了不小的震动。

随着赛季的推进，比恩的"数据革命"开始显现成效。奥克兰运动家队在赛季初期表现平平，但当球员们逐渐适应新的打法，球队的战绩开始飙升。他们开始了一波令人难以置信的连胜。

10连胜、15连胜，当连胜来到第19场时，整个棒球界都屏住了呼吸。在第20场比赛中，奥克兰运动家队对战堪萨斯城皇家队。比赛进行到第9局下半场时，奥克兰运动家队11∶5领先，胜利似乎唾手可得。然而，堪萨斯城皇家队展开了疯狂的反扑，连得5分，将比分追至11∶10。当堪萨斯城皇家队的最后一个打者站上打击区时，整个球场的气氛紧张到了极点。

就在这千钧一发之际，比恩多年来坚持的数据驱动的策略得到了最终的验证——堪萨斯城皇家队的打者击出一记高飞球,被外野手稳稳接住。20连胜!奥克兰运动家队创造了美国联盟历史上的连胜纪录!

这个奇迹般的20连胜不仅仅是一个体育成就,还代表着一场思维革命的胜利。比恩用数据证明,尽管预算只有对手的1/3,但只要找到正确的方法,就能在激烈的竞争中脱颖而出。

2002赛季结束时,奥克兰运动家队以103胜59负的战绩与纽约扬基队并列美联最佳。更令人惊讶的是,其每场胜利的成本仅为纽约扬基队的1/6。这一成就引发了一场数据分析革命,彻底改变了棒球界的格局。

比恩的方法的应用很快从棒球领域扩展到了其他体育项目和商业决策中。它向世人展示了,在看似不可能的情况下,通过科学的数据分析和创新思维,也能找到通往成功的道路。

《点球成金》的故事不仅仅是关于棒球的,还关乎如何在资源有限的情况下挑战现状,找到被忽视的价值。它提醒我们,在任何领域,突破性的成功往往来自对传统观念的质疑和对数据的智慧运用。正如比恩所证明的,当用新的视角看待问题时,你可能会发现隐藏在众目睽睽之下的巨大机遇。

2.5 小结

本章深入探讨了数据驱动的管理的本质,从第一性原理出发,阐述了数字化时代组织管理的新范式。我们剖析了数据驱动的决策在业务端和组织端的应用差异,并通过多个案例和研究结果,揭示了数据分析如何改变传统的管理思维。

- 数据驱动的管理的第一性原理可以表述为 $Y=f(X_1, X_2, X_3, \cdots, X_n)$,其中 Y 是组织目标,X 是影响目标的关键因素。这个公式强调了明确定义目标、识别关键因素,并利用数据理解它们之间关系的重要性。
- 数字化转型为量化 X 和 Y 提供了基础,使组织能够从海量数据中识别真正重要的因素及其与组织目标的关联。这种能力让管理者能够超越直觉,基于实际数据来理解组织运作的核心机制。
- 数据驱动的方式能够验证认知、拓展认知和挑战认知,从而创造价值。它不仅能增强决策信心,还能揭示微妙但重要的差异,发现意想不到的模式和关联,甚至挑战长期以来被认为理所当然的观点。
- 数据驱动的方式使组织能从后置管理转向前置决策,从而提前捕捉关键信号。这种转变让管理者能够更加主动地管理和引导组织发展，而不是仅仅依赖于滞后的 KPI 指标。

- 持续地做出正确的决策是企业基业长青的关键，数据驱动的决策有助于避免"成功陷阱"。通过持续质疑和更新假设，企业可以保持创新精神和市场敏感度，避免因过度依赖过去的成功经验而错失新机会。
- 人的行为虽然复杂，但存在可以被发现和利用的规律，如设置默认选项可以影响决策。了解这些行为规律可以帮助组织设计更有效的政策和流程，影响人们的选择和行为。
- 数据驱动并不意味着完全排除人的直觉和判断，而是要用数据来增强和验证人的洞察力。将数据分析和人的经验相结合，创造一个更加平衡和有效的决策环境，更有利于做出明智的决策。

第 3 章

打造数据驱动的思维模式

创新星科技的人力资源总监王丽最近感到很困惑。公司的人才流失情况越来越严重，尤其是研发团队。她尝试过很多传统方法——加薪、团建、一对一谈心，但效果都不明显。

新来的数据分析主管张明带来了不同的思路，他说："与其靠直觉猜测，不如让数据说话。"

张明首先打破了大家的固有认知：离职原因未必是我们以为的那样。他带领团队提出了一系列假设，然后通过数据来验证。

结果很出人意料。原来最关键的不是薪资，而是组织管理方式和职业发展空间。数据显示，主管沟通风格强势的团队离职率明显更高，而那些有清晰职业发展路径、跨部门协作多的团队员工更稳定。

这个发现促使创新星科技重新思考了管理方式。公司开始关注主管的领导力培训，增加团队间的协作机会，定期收集员工反馈。半年后，情况明显好转。

更重要的是,这次经历让整个公司学会了用数据思维来看问题,具体表现为:

- 先提出假设,再用数据进行验证。
- 跳出经验主义,寻找真实原因。
- 重视过程数据,而不只看结果。
- 持续收集反馈,及时调整方向。

这个案例揭示了一个重要启示:当我们面对复杂的管理问题时,直觉和经验并不总是可靠的。王丽最初采用加薪和团建等方案,正是因循许多管理者的惯常思维,基于过去的经验,选择"看起来应该有效"的方案。这种依赖经验的决策方式,在稳定和简单的环境中或许管用,但在当今快速变化的商业环境中,会让我们错过问题的本质。

真正的突破往往来自对数据思维的运用。它不仅仅是分析数字,更是一种科学的思维方法:先提出假设,再用数据进行验证;不轻易下结论,而是让数据说话;不满足于表面现象,而是深入寻找根本原因。这种思维方式可以帮助我们突破认知局限,发现那些被掩盖的真相。

接下来,我们将深入探讨四种核心的数据思维——假设思维、变量思维、统计思维和因果思维,帮助你在复杂的商业环境中做出更科学的决策。

3.1　假设思维：数据时代的决策基石

在王丽的故事中，我们看到了两种截然不同的决策方式：一种是基于经验的直觉判断，另一种是基于数据的假设验证。这个看似简单的案例实际上揭示了现代管理决策方式的一个关键转变：从基于经验的直觉判断到基于数据的假设验证。这种新的决策方式对应的思维，我们称之为假设思维，它正成为数据时代管理者必备的思维工具。

假设思维的核心理念其实很简单：在做出决策之前，先提出可以被验证的假设，然后通过数据来检验这些假设。就像一个优秀的侦探探案，他不会轻易下结论，而是会先提出各种可能，然后通过收集证据来验证每种可能。这种方法看似绕了远路，实际上却能帮助我们避免决策中的诸多陷阱。

传统的决策方式就像是凭经验开方，虽然简单直接，但往往无法有效应对现代复杂的商业环境。想象一下，如果医生不做任何检查就给病人开药，我们会觉得这种做法可靠吗？同样，当今的管理决策也需要更科学、更系统的方法。

传统的决策方式的局限性主要体现在两个方面。首先是过度依赖经验导致的"经验主义陷阱"。就像那句老话说的："经验是最好的老师，但学费极其昂贵。"我们常常误以为过去的成功经验可以直接复制到现在，却忽视了环境的变化。更危险的是，我们可能把一些偶然因素误认为是成功的关键，就像把"穿幸运衣服"和"比赛胜利"画等号一样。

其次是缺乏系统性的验证机制。很多决策者习惯凭直觉行事，就像一个人认定"感冒就是因为着凉"，而没有去深入了解病因可能是病毒感染或其他原因。在商业环境中，这种过于简单化的思维方式往往会让我们忽视问题的真正根源。

相比之下，假设思维提供了一个更科学的决策框架。它就像现代医疗的诊断流程：先提出可能的诊断（假设），然后通过各种检查（数据收集）来验证，最后才确定治疗方案（决策）。这种方法不仅能帮助我们发现导致问题的真正原因，还能持续优化我们的决策质量。

3.1.1 假设思维无处不在

在我们的生活中，经验主义的思维方式似乎无处不在。无论选择午餐地点，还是做出重要的商业决策，我们常常依赖过往的经验。这种依赖经验的思维方式看似可靠，却可能让我们错过更好的选择。这就是为什么我们需要一种更开放、更科学的思维方式——假设思维。

说到假设思维的威力，有一个引人深思的研究。2012年，哈佛大学的大卫·兰德、约书亚·格林和马丁·诺瓦克在《自然》杂志上发表了一篇突破性的研究论文，题为"自发的给予和计算的贪婪"，这篇论文用科学方法挑战了一个看似无法用数据回答的古老问题：人性到底是本善还是本恶？这个问题不只是哲学家们在书斋里的思辨，它其实也与我们的商业决策息息相关。想想看，在设计员工激励机制时，我们是不是常常陷入类似的困惑：到底该相信员工天生就愿意把事情做好，还是认为必须用严格的考核制度来约束他们？

这个研究团队的做法很有意思。他们没有像哲学家那样展开永无止境的辩论，而是设计了一个巧妙的试验，让参与者玩一个简单的经济学游戏，考察人们在不同情况下的选择。最关键的是，他们在试验中加入了时间压力这个变量——一部分人需要快速做决定，另一部分人可以从容思考。

结果令人惊讶。如图3-1所示，当人们需要在短时间内做决定时，他们往往表现出更多的慷慨和合作精神；相反，当有充足的时间思考时，人们反而倾向于做出更自私的选择。这个发现不禁让人联想到商业谈判中常说的"夜长梦多"——为什么拖得越久，达成协议反而越难？

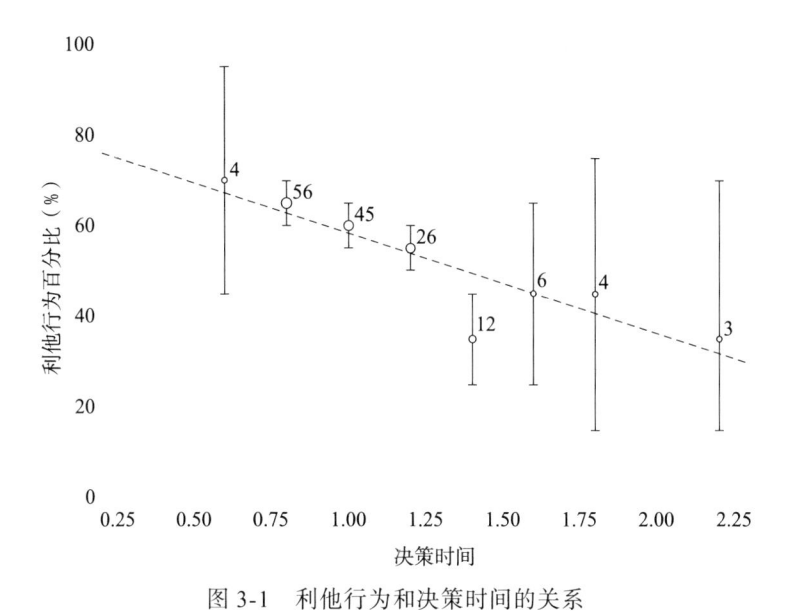

图 3-1 利他行为和决策时间的关系

注：决策时间为对实际决策时间（单位：秒）以 10 为底数求对数。

这个研究给我们的启发远不止于回答人性本善还是本恶的问题，它还展示了假设思维的精髓：面对看似无法被量化的问题，我们可以通过提出明确的假设，设计巧妙的验证方法，最终得出有价值的洞察。这种思维方式在商业环境中特别有用。

比如，当我们遇到员工离职率高的问题时，传统思维可能直接认定是因为员工薪资太低。但运用假设思维，我们会先提出多个假设：可能是薪资问题，也可能是职业发展受限，又或者是企业文化不匹配。然后，我们可以通过员工访谈、数据分析等方式，系统地验证这些假设，而不是盲目地提高员工薪资。

又如，面对销售业绩下滑，我们可能本能地认为是市场环境变差导致的。但如果用假设思维重新审视这个问题，我们可以提出多个假设：也许是竞争对手推出了新产品，也许是我们的服务质量下降了，或者是销售团队的激励机制出了问题。通过系统地验证这些假设，我们才能找到真正的原因。

3.1.2　从实验室到华尔街

这种将假设付诸实践、通过数据验证的方式，不仅在学术界行之有效，在商业世界中同样展现出了巨大的潜力和价值。在这方面，对冲基金巨擘瑞·达利欧的成功经历提供了一个极具启发性的案例。达利欧在其畅销书《原则》中详细阐述了他的投资哲学和决策方法，仔细研读这本书，我们会发现，达利欧的成功并非源自某种神奇的预见能力，而是建立在一种与科学研究极为相似的假设思维方式的基础之上。

1971年的一个普通的清晨，年轻的瑞·达利欧正在纽约的办公室里研究市场数据。那时的他还是个初出茅庐的交易员，但已经开始形成自己独特的思维方式。他注意到一个值得关注的现象：美国的贸易赤字在持续扩大，通货膨胀的压力日益加剧。相关数据像拼图一样，在他脑海中渐渐拼凑出一幅清晰的图景。

"如果这些迹象都是真实的，美元很可能会大幅贬值。"达利欧在笔记本上写下这个想法。但与普通投资者不同的是，他没有立即采取行动。相反，他开始像个科学家一样思考：如何验证这个判断？如果这个判断是错的，会有什么信号？

他开始系统地收集数据，记录每一个支持或反对这个判断的证据。他买入黄金和其他商品，每次交易都仔细记录自己的理由和预期。当尼克松总统宣布美元与黄金脱钩时，这种科学家般的严谨态度给达利欧带来了丰厚的回报。但对他来说，更重要的是这次经历让他悟出了一个道理：投资决策可以像科学实验一样严谨。

这种领悟逐渐发展成一种独特的方法论。在桥水基金的办公室里，你经常能看到投资团队围坐在一起，大家不是在预测市场走向，而是在讨论如何验证他们的判断。"告诉我你的理由，"达利欧常常这样问他的团队，"更重要的是，告诉我们如何知道这个判断是对是错。"

随着时间的推移，这一方法论越来越系统化。达利欧和他的团队开发了一个被戏称为"真理机器"的系统。想象一下,在一个放满电脑屏幕的房间里,每个投资决策的相关信息——决策者的理由、预期结果、市场条件,以及最终的结果都被详细记录。这不再是简单的对错判断,而是一个持续学习和改进的过程。

有趣的是,这个系统也记录了失败的案例。比如在2008年金融危机时,尽管桥水基金预见到了危机的来临,但它对某些市场反应的时间点的判断存在偏差。这些"错误"被仔细分析,成为改进决策的宝贵资料。

"每次交易都是一次试验,"达利欧常这样告诉新员工,"重要的不是你的决策是对是错,而是你如何从每次决策中学习。"这种态度让人想起实验室里的科学家,他们通过不断进行实验来检验自己的假设。

在桥水基金的会议室里,你可能会听到这样的对话:"我认为欧元会走强,因为……""好的,那让我们列出可以验证这个判断的具体指标。""如果我们错了,哪些信号会提醒我们及时调整?"

这种方法论最终超越了简单的投资决策范畴,发展成为一种组织文化。在《原则》一书中,达利欧详细描述了这种思维方式如何帮助组织在充满不确定性的市场中不断进步——这与前面提到的认知科学家们通过严谨的试验来理解人类决策的过程很相似。

达利欧的经历告诉我们，科学思维不仅属于实验室，它在华尔街的交易大厅里同样闪耀。关键是保持开放和严谨的态度，将每一个决策都视为学习的机会。正如他所说的："原则不是教条，而是不断进化的智慧结晶。"

3.1.3　在管理决策中融合假设思维

在实验室里，假设思维为我们提供了一个理解和验证因果关系的科学框架。当我们将目光投向组织管理的广阔天地时，这种思维方式的应用变得更加微妙而复杂。管理决策往往面临多变的环境、复杂的人际关系，以及其他难以量化的因素，这就带来了一个关键问题：如何将这种严谨的科学思维与充满不确定性的管理实践有机结合？

答案或许就藏在管理决策的本质之中。每一个管理决策，本质上都是对未来的一种假设。当管理者决定调整组织结构、改变激励机制，或是推出新的政策时，他们实际上都在基于某些假设行事。问题在于，这些假设往往被经验和直觉掩盖，很少能得到系统的检验。

2019年初，一位科技公司的人力资源主管正在为一个棘手的问题发愁。公司的员工离职率持续攀升，传统的"加薪留人"策略似乎不再奏效。在一次偶然的机会中，她参加了斯坦福大学的一个管理研讨会，接触到了假设思维。这让她开始思考：也许我们一直在试图解答一个错误的问题？

传统的管理思维处理离职问题的方法是：先看竞争对手的薪资水平，然后相应地调整自己的薪酬方案。这种方法背后隐含着一个未经验证的假设：薪酬是员工离职的主要原因。但如果我们像科学家一样思考，会发现这个问题远比表面看起来要复杂得多。

她开始重新定义问题。不是简单地问"如何降低离职率？"，而是提出一系列更具体的假设：

- 不同年龄段员工的离职原因是否存在显著差异？
- 远程工作政策对员工留存有多大影响？
- 直接主管的管理风格是否比员工薪酬更重要？

这种思维方式带来了一个重要的转变：从寻找答案转向提出更好的问题。每个假设都指向一个可能的解决方向，更重要的是，这些假设都是可以通过数据来验证的。

她组建了一个跨部门团队，开始系统性地收集和分析数据。他们不仅查看了离职面谈记录，还分析了员工的日常工作模式、团队互动数据，甚至还研究了办公室的座位安排对团队氛围的影响。结果揭示出一些令人惊讶的事实。

原来，对年轻员工来说，有机会参与创新项目比个人的薪资水平更重要；对已经组建家庭的员工而言，灵活的工作时间安排比额外的加班补贴更有吸引力；而对资深员工来说，是否有机会指导新人、贡献自己的经验往往决定了他们是否愿意长期留任。

这些发现促使公司彻底重新思考了人才留存策略，没有一味追加薪酬预算，而是：

- 建立了跨团队项目制度，让年轻员工有更多参与创新的机会。
- 推出了弹性工作制，允许员工根据个人情况安排工作时间。
- 设立了导师计划，让资深员工能够发挥更大的价值。

但最关键的改变不是这些具体措施，而是思维方式的转变。管理团队学会了不断提出新的假设，用数据来验证这些假设，然后基于验证结果来调整策略。这个过程是循环往复的——每一轮验证都会带来新的洞察，进而产生新的需要验证的假设。

比如，他们发现改善了工作时间的灵活度后，团队协作效率反而提高了。这个意外发现促使他们提出新的假设：也许工作效率不是由工作时长决定的，而是由员工的精力管理水平决定的。这个假设又开启了新一轮的探索和验证……

这种持续演进的过程让管理决策从一次性的"解决方案"转变为一个不断学习和调整的系统。正如一位团队成员后来总结的："我们不再把管理看作是找到正确答案的过程，而是不断提出更好的问题的过程。"

这个案例告诉我们，假设思维不仅是一个分析工具，更是一种全新的管理哲学。它要求我们：

- 保持开放和好奇的心态，不断质疑既有认知。
- 用数据和证据来指导决策，而不仅仅依靠经验。
- 把失败的假设视为学习的机会，而不是错误判断。
- 在寻找答案的同时，不断提出更好的问题。

这种思维方式的价值不仅体现在具体问题的解决上，更体现在它会改变一个组织的决策文化。当假设思维成为组织文化的一部分，每个决策者都会自然而然地问："我们的假设是什么？如何验证这些假设？验证结果告诉我们什么？"这样的组织才能在不确定性中保持清醒，在变化中持续成长。

3.2 变量思维：理解复杂组织现象的关键

在前面的讨论中，我们了解到假设思维如何帮助我们提出和验证问题的可能答案。但要真正验证这些假设，我们需要数据的支持。这就自然引出了变量思维这个强大的工具。

如果说假设是我们对世界的猜测，那么变量就是验证这些猜测的具体指标。什么是变量？简单来说，变量就是我们在现实世界中观察到的差异。让我们通过一些日常例子来理解：班级里有些学生成绩优秀，有些则较为落后，"学习成绩"就成了一个变量；团队中有些成员特别善于创新，而有些则倾向于按部就班，"创新能力"就是一个变量。存在差异正是变量的本质。

更进一步说，变量思维的核心是用一种差异去解释另一种差异。比如，当我们试图理解为什么有些学生学习成效更好时，我们会自然地思考：是因为学习时间不同（时间差异）？因为学习方法不同（方法差异）？还是因为家庭环境的影响（环境差异）？

在当今这个数字化时代，企业积累了海量数据。但就像原油需要经过提炼才能变成有用的燃料一样，这些原始数据本身并不能直接指导决策。我们需要从中提炼出有意义的变量。

以人力资源管理为例。HR 部门可能拥有大量的员工数据，但如何让这些数据发挥价值？关键是要将它们转化为有意义的变量。原始数据需要经过合理的转化才能用于分析，培训记录可以转化为"年度培训时长"这一量化指标，员工问卷可以转化为"整体工作满意度得分"等可测量变量。通过这种数据转化，HR 部门才能进行有效的数据分析，发现影响员工绩效的关键因素，并制定有针对性的改进策略。

3.2.1 组织管理中变量思维的应用

"这个人以前创过业，到底要不要录用？"这个问题困扰着许多 HR 和招聘经理。在就业市场上，人们对创业者的看法可谓是两极分化。

持保守态度的人会说："创过业的人当惯了老板，做普通员工恐怕不踏实，说不定哪天又想自己创业跑了。"而另一派则认为："创业经历是笔宝贵的财富，这些人通常更有闯劲儿，解决问题的能力也更强。"

那么，到底谁对谁错？与其靠直觉判断，不如让数据说话。这正是变量思维的价值所在——把模糊的问题转化为清晰的数据关系。具体来说，我们可以研究：创业经历（变量 X）是否真的影响员工的工作表现（变量 Y）？

清华大学周怀康等人的研究为这个问题提供了有力的答

案。他们选择了一家拥有 4 万多名员工的知名互联网企业作为研究对象，分析了该企业近 5 年超过 4.8 万名员工的数据。

研究设计非常清晰：

- 创业经历（变量 X）：简单区分员工是否创过业（是 =1，否 =0）。
- 工作表现（变量 Y）：用半年一次的绩效考核成绩衡量（1～5 分）。
- 控制变量：考虑了年龄、性别、学历等可能影响结果的因素。

为了确保结果可靠，研究团队做了细致的工作。他们仔细梳理了每位员工的履历，最终在 4.8 万名员工中找到了 313 位有创业经历的人。同时，他们将创业时的具体情况纳入考量，比如当时的市场环境以及创业时的具体工作与现在是否相关等细节。

研究结果发人深思：在排除其他因素的影响后，有创业经历的员工的平均绩效评分比其他人高出 0.166 分。这个差异虽然看似不大，但在统计上具有显著性，说明员工的创业经历确实能为企业带来价值。

这个结果不仅打破了企业对创业者的刻板印象，也为企业的招聘决策提供了数据支持。同时还告诉我们，与其凭感觉决定是否录用有创业经历的候选人，不如从数据的角度理性分析。

这就是变量思维的魅力——它能帮助我们用数据验证直觉，用科学指导决策。

在组织管理的世界里，我们经常遇到一些看似难以回答的问题。这些问题往往涉及复杂的人事决策，但就像我们在其他领域一样，通过仔细分析各种变量，我们可以揭示出一些有趣且有价值的管理规律。这种基于数据的方法不仅能为管理决策提供科学依据，还能帮助我们打破一些长期存在的偏见和误解。

让我们从一个常见的争议开始：在选拔管理人才时，是从内部提拔还是外部空降？这个问题看似简单，但答案却比我们想象的要复杂得多。

2011年，马修·比德韦尔在《行政科学季刊》上发表了一篇深入的研究论文，题为"付出更多却得到更少：外部招聘与内部流动的效果比较"。这个标题本身就很有意思，暗示了研究的一个重要发现：外部招聘可能并不如我们想象的那么有效。研究结果显示，相对于从内部晋升的员工，从外部招聘的员工在入职后的两年内表现较差。具体来说，从外部招聘的员工在入职后的前两年，其绩效评分明显低于从内部晋升的员工。然而，尽管表现不佳，他们却获得了平均高出 18%～20% 的薪酬。

从外部招聘的员工不仅绩效较低，晋升速度也更慢，在相同时间段内获得晋升的可能性比内部员工低 61%。更值得注意的是，这些从外部招聘的员工在头两年内的离职率也更高，比从内部晋升的员工高出 61%。

这个例子很好地说明了数据分析在解答组织管理中具有争议性的问题时的重要作用。通过仔细研究各种变量，如员工背景、招聘来源、绩效表现等，我们可以超越直觉和偏见，基于事实做出更明智的决策。

同样的方法也可以应用到其他管理问题上。例如，我们常听到关于 985 高校、211 高校的毕业生职业发展情况更好，或者年轻员工创新能力更强的说法（这也是职场中存在年龄歧视现象的重要原因之一）。但当我们深入研究数据时，往往会发现这些普遍认知与实际情况存在显著差异。研究数据表明，虽然高校背景可能在初始就业阶段提供一定优势，但这种优势会随着时间的推移而减弱。长期来看，员工个人的实际能力、持续学习能力和工作表现才是职业发展情况的决定性因素，而非毕业院校。同样，关于年龄与创新能力的关系，大量实证研究驳斥了"年轻员工创新能力更强"的刻板印象。数据显示，年龄与创新能力之间并无显著相关性，跨年龄段的多元化团队通常能产生更具突破性的创新成果，因为不同年段段的员工可以提供不同的视角，他们的知识体系也可以形成互补。

这些发现提醒我们，在评估人才时不应过分依赖简单的标签，而应该更多地关注个人的实际能力和潜力。它们挑战了固有观念，并提醒我们在做出管理决策时要更加谨慎和全面。

3.2.2　组织中常见的变量类型

在数字化时代，数据已成为组织管理的核心资源。如表 3-1 所示，组织中存在五种常见的变量类型——静态变量、评估变量、客观绩效变量、测评变量和行为大数据，通过全面了解这些变量，我们可以为组织的决策制定提供更坚实的数据基础。

表 3-1　组织中五种常见的变量类型

变量类型	典型变量示例	数据来源	优势	局限性
静态变量	・年龄 ・性别 ・教育背景 ・工作经验年限 ・职位级别	・人力资源信息系统 ・员工档案 ・招聘系统	・稳定性高 ・易于获取 ・客观性强 ・可比性好	・不反映个人变化 ・可能导致刻板印象 ・忽视个体差异

（续）

变量类型	典型变量示例	数据来源	优势	局限性
评估变量	• 年度绩效评分 • 360度测评结果 • 主管评价 • 同事评价 • 客户满意度评分	• 绩效评估系统 • 360度测评工具 • 客户反馈系统	• 反映复杂工作表现 • 包含软技能评估 • 多角度评价 • 适用性强	• 主观性强 • 可能存在评估者偏见 • 标准可能不一致 • 时间和资源消耗大
客观绩效变量	• 销售额 • KPI完成率 • 生产效率 • 客户获取数 • 利润率	• 销售管理系统 • 财务系统 • 生产管理系统 • CRM系统 • 业务智能(BI)工具	• 高度客观 • 易于量化 • 直接反映业务成果 • 可进行横向比较	• 可能忽视质量因素 • 短期导向 • 可能忽视团队贡献 • 难以反映所有工作内容
测评变量	• 智力测试分数 • 性格测试结果 • 领导力潜质测评分数 • 技能评估分数 • 职业兴趣测试结果	• 心理测验工具 • 评估中心 • 在线测评平台	• 标准化程度高 • 客观性强 • 可比性好 • 理论基础扎实	• 可能脱离实际工作情境 • 结果可能随时间变化 • 受文化差异影响 • 测试状态可能影响结果
行为大数据	• 电子邮件使用模式 • 会议参与度 • 协作软件使用情况 • 工作时间分配 • 社交网络分析	• 企业通信系统 • 项目管理工具 • 员工监控软件 • 协作平台 • 工时记录系统	• 客观性强 • 实时性高 • 全面性好 • 可发现隐藏模式	• 隐私问题 • 数据解释复杂 • 技术要求高 • 可能引发员工不适

静态变量是组织数据体系中最基本、最稳定的数据，年龄、性别、教育背景、工作经验年限等都属于静态变量。这些数据通常存储在人力资源信息系统中，具有稳定性和客观性。通过分析这些数据，可以了解组织的人才结构特征，但过度依赖它们可能会导致决策偏见。

评估变量是通过主观评价得出的数据，包括年度绩效评分、360度测评结果、主管评价等。这些数据主要来自绩效评估系统，能够捕捉难以量化的软技能和工作表现。其优势在于可以全面评估员工能力，但容易受到评估者主观偏见的影响。

客观绩效变量直接反映业务成果，包括销售额、KPI完成率、生产效率等。这类数据主要来自企业的销售管理系统、财务系统、生产管理系统等，具有客观性和可比性。虽然便于横向比较，但过分关注可能导致短期行为。

测评变量通过标准化测试获得，包括智力测试分数、性格测试结果、技能评估分数等。这些数据来自专业的心理测验工具或评估中心，它们可以提供相对客观的能力和特质评估。其优势在于标准化和可比性，但可能无法完全反映员工的实际工作表现。

行为大数据是通过数字化工具自动收集的员工行为数

据，如电子邮件使用模式、会议参与度、协作软件使用情况等。这类数据来自企业通信系统、项目管理工具等数字平台，具有实时性和全面性。它能够揭示员工的工作模式和协作网络，但需要注意隐私保护和数据解释的准确性。通过分析这些数据，组织可以更好地理解员工行为模式，优化工作流程，从而提升组织效能。

3.2.3 变量整合与应用：构建全面的数据生态系统

在深入了解了静态变量、客观绩效变量、评估变量、测评变量和行为大数据这五种常见的变量类型后，我们需要思考如何将它们有机地整合起来，构建一个全面的数据生态系统。这种整合不仅能够帮助我们克服单一变量类型的局限性，还能**为组织决策提供更全面、更准确的依据**。

变量整合的核心在于认识到每种类型的变量都有其独特的优势和局限性。例如，静态变量提供了基础信息，但可能忽视个人的发展变化；评估变量能捕捉复杂的工作表现，但可能受主观偏见影响；测评变量提供了标准化的客观数据，但可能无法完全反映员工实际工作情况；而行为大数据则提供了丰富的实时信息，但解释起来可能较为复杂。

通过整合这些不同类型的变量,我们可以构建一个更加全面和立体的图景。让我们通过一个具体的例子来说明这一点。

假设一个组织正在进行人才发展决策,它可能会关注以下变量:

- 静态变量:教育背景、工作年限。
- 客观绩效变量:KPI、销售业绩等客观指标。
- 评估变量:年度绩效评分、360度测评结果。
- 测评变量:领导力潜质测评分数、认知能力测试结果。
- 行为大数据:项目完成率、团队协作指标(如跨部门沟通频率)。

通过整合这些数据,组织可以得到一个更加全面和立体的员工画像。例如,一个员工可能在静态变量上表现平平(如工作经验年限不长),但在评估变量上表现出色(获得高年度绩效评分),同时测评变量显示他有很高的领导力潜质,行为大数据则反映出他有很强的跨部门协作能力。这样的综合分析可以帮助组织发掘潜在的人才,做出更准确的人才晋升或人才发展决策。

3.3 统计思维：科学客观地理解数据的方法

在深入探讨了假设思维和变量思维之后，我们来到了数据驱动决策过程中的一个关键环节——统计。构建了合适的变量系统后，下一步就是对这些数据进行解释和分析，而这正是统计思维发挥作用的地方。统计学包含了许多深奥的理论和方法，作为管理者，我们并不需要成为统计学家，但培养基本的统计思维却是至关重要的。

统计思维为我们提供了一种科学客观地理解数据的方式，它能帮助我们从纷繁复杂的数据中提炼出有意义的信息，辨别真实的趋势与随机的波动，并助力我们在此基础上做出更加明智的决策。就像医学研究需要严格的临床试验来验证新药的效果一样，管理实践中的新政策、新措施也需要经过类似的"临床试验"。我们需要客观地评估这些措施是否真的产生了预期的效果，而不是依赖直觉或者只看表面现象。

在管理实践中，我们经常需要从纷繁复杂的数据中获取有价值的信息。统计思维就像是一把钥匙，帮助我们解开数据背后的密码，理解现象的本质。让我们通过一些常见的管理场景，来了解几个核心的统计概念和工具。

首先是统计显著性。想象你正在评估一个新的员工培训项目：培训结束后员工绩效提高了5%，这个提升是否具有实际意义？统计显著性可以帮助我们判断这种差异是"真实存在的"还是仅仅是由随机因素造成的。这就像医学研究中判断一种新药是否真的有效一样，我们需要确保观察到的变化具有统计学意义。在管理决策中，了解统计显著性概念可以帮助我们避免对偶然现象做出过度反应。

接下来是均值比较。当我们需要比较不同部门、不同区域或不同时期的表现时，简单对比平均数可能会产生误导。比如，两个销售团队的平均业绩相差20%，这个差异是否真的能反映团队能力的差异？均值比较的统计方法要求我们考虑样本大小、数据波动等因素，从而帮助我们做出更准确的判断。这就像比较两个班级的考试成绩，我们需要考虑班级人数、成绩分布等多个因素。

相关性分析可以帮助我们理解不同变量之间的关系。例如，员工满意度和客户满意度之间是否存在关联？加班时长与工作效率是否相关？相关系数告诉我们变量间关系的强度和方向。但需要注意的是，相关并不等于存在因果关系。就像冰激凌销量与溺水事故数量都在夏天增加，但这并不意味着吃冰激凌会导致溺水。管理者在解释相关性时需要特别谨慎，避免过度推论。

回归分析则更进一步，可以帮助我们预测和理解变量间的因果关系。比如，我们可以通过回归分析来了解培训投入、工作经验、团队规模等因素对团队绩效的影响。这就像是建立一个预测模型，帮助我们理解各个因素的相对重要性，并对未来做出更准确的预判。

在实际应用中，这些统计工具往往需要综合使用。例如，在评估一个新的激励政策时，我们可能需要：

- 使用均值比较来检验实施政策前后的差异。
- 通过统计显著性检验确认这种差异是否具有实际意义。
- 用相关性分析探索政策效果与其他因素的关联。
- 最后通过回归分析建立预测模型，优化政策实施。

重要的是要记住，统计工具是辅助决策的手段，而不是替代管理者判断的工具。好的管理者需要将统计分析的结果与业务洞察、经验判断相结合，才能做出最佳决策。就像一位优秀的医生既需要参考各项检验指标，也要结合临床经验做出诊断一样。

想深入了解这些统计工具的读者可以查阅专业的统计教材，但对大多数管理者而言，理解这些核心概念的本质和应用场景，比掌握具体的计算方法更为重要。关键是要培养数据思维，学会用科学的方式解释和分析数据，从而做出更明智的管理决策。

3.4　因果思维：探寻现象背后的本质联系

在管理实践中，我们经常会遇到这样的推断："销售业绩提升了30%，肯定是因为新推出的激励计划起作用了！""员工满意度上升，肯定是因为我们调整了工作时间！""客户投诉减少了，这说明我们的服务培训很成功！"这些看似合理的推断，实际上都可能陷入了一个常见的思维陷阱：把相关误认为存在因果关系。

作为管理者，我们每天都在做各种决策，试图通过某些行动来达成预期的结果。但如何确保我们的决策真的能带来想要的改变？让我们通过一个真实的案例来理解这个问题。

一家科技公司的CEO在查看年度数据时，发现了一个有趣的现象：参加培训时间最长的员工，往往年终绩效也是最好的。这个发现让他深受启发，他立即决定大幅增加所有员工的培训时长。他的推断很直接：既然培训时长和绩效呈正相关，那么增加培训时长一定能提升绩效。

然而，半年后的结果却出人意料：员工的整体绩效没有明显提升，相反地，一些原本表现优秀的员工开始抱怨培训占用了太多工作时间，培训成本大幅增加，员工满意度下降但效果不及预期。这个结果令人困惑：为什么看似合理的决策会带来意想不到的后果？

这个案例完美展示了为什么我们需要因果思维。培训时长和绩效之间确实存在正相关，但这种相关背后的真实原因十分复杂：可能是那些本来就更有上进心的员工会主动参加更多培训，也可能是业绩好的员工获得了更多的培训机会，或者是某些部门既重视培训又重视绩效管理。换句话说，可能存在其他因素同时影响了培训时长和绩效。

著名的计算机科学家朱迪亚·珀尔在他的著作《为什么》中强调："理解因果关系是做出正确决策的关键。"他提出的"反事实思考"为管理实践提供了重要启示。这种思维方式鼓励我们思考："如果采取了不同的行动，结果会是什么样？"

以一个电商公司为例，当公司推出新的会员积分计划后，销售额六个月内增长了15%。表面上看，这似乎证明了积分计划的成功。但要真正理解这个决策的效果，管理者需要进行更深入的思考：如果没有推出积分计划，销售额会是多少？同期竞争对手的销售额变化如何？市场整体增长率是多少？是否有其他因素影响了销售额？

这种反事实思考帮助我们避免简单地把相关误认为存在因果关系。但思考本身还不够，我们还需要有科学的方法来确定因果关系。

3.4.1　通过随机对照试验确定因果关系

那么，我们如何确定因果关系呢？最可靠的方法之一就是试验，特别是随机对照试验（RCT）。在企业中，这种方法通常被称为A/B测试或试点项目。让我们来看一个真实的例子。

2013年，中国最大的在线旅行社携程进行了一项关于远程办公的试验。它随机选择了部分呼叫中心的员工进行为期9个月的在家办公试验，而其他员工继续在办公室工作。这个试验的关键在于随机选择，由此研究者确保了两组员工在能力、态度等方面的平均水平是相似的，唯一的区别就是工作地点。

试验结果显示，在家办公的员工生产力提高了13%，他们工作时间更长，接听的电话更多，休息时间更短。同时，他们的工作满意度也有所提高，离职率下降了50%。这个试验为远程办公的效果提供了强有力的因果证据。

为什么随机选择如此重要？想象一下，如果携程让员工自主选择是否在家办公。那些家里环境更适合办公、自制力更强的员工可能会选择在家工作。这样，即使观察到在家办公的员工效率更高，我们也无法确定这是不是由在家办公本身导致的。

3.4.2 走出"相关即因果"的误区：从诺贝尔奖得主身上学习因果思维

然而，并非所有情况下我们都能进行试验。在很多情况下，特别是涉及大规模政策或无法控制的社会现象时，我们只能依赖已有的数据。2021年的诺贝尔经济学奖颁给了大卫·卡德、乔舒亚·安格里斯特和吉多·因本斯三位经济学家，表彰他们在自然实验和因果推断方法上的开创性工作。这些方法为我们提供了新的视角，使我们能够在无法进行传统试验的情况下，依然可以得出有意义的因果结论。他们的研究不仅在经济学领域产生了深远影响，也逐渐被引入管理学、教育学等其他社会科学领域，为政策制定者和企业管理者提供了更可靠的决策方式。

让我们通过一些生动的例子来理解这些复杂而又强大的研究方法。大卫·卡德的经典研究聚焦最低工资对就业率的影响，这个问题长期以来一直是经济学界争论的焦点。传统经济理论认为，提高最低工资会导致失业率上升。然而，卡德的研究结果却挑战了这一观点，他研究了20世纪90年代初新泽西州提高最低工资的情况，比较了新泽西州的快餐店和邻近的宾夕法尼亚州（未提高最低工资）的快餐店。令人惊讶的是，他发现新泽西州的就业率并没有下降，反而略有上升。

卡德在这项研究中使用的是"双重差分法"（Difference-in-Differences，DID）。这种方法的核心思想是比较两个相似但受到不同政策影响的群体在政策实施前后的变化。具体来说，我们首先计算新泽西州的快餐店在政策实施前后的差异，然后再计算宾夕法尼亚州的快餐店在同一时期的差异。这两个差异之间的差异就是政策的净效应。这种方法巧妙地消除了时间趋势和固定的群组差异的影响，让我们能更准确地推断政策的实际效果。

安格里斯特则致力于解决另一个棘手的问题：教育年限与收入之间的关系。我们都知道受教育程度高的人通常收入也高，但这是因为受教育程度本身导致了高收入，还是因为天生能力强的人更可能接受高等教育呢？为了解开这个难题，他们提出了"工具变量法"，这种方法利用了一个看似与研究问题无关但能影响关键变量的因素作为工具变量。

在安格里斯特的研究中，出生日期就成了这样一个绝妙的工具变量。在某些国家，法律规定儿童必须在学校就读到16岁。这意味着，那些刚好在学年开始前出生的孩子，比学年开始后出生的孩子多上了将近一年的学。由于出生日期是随机的，它不太可能直接影响一个人的收入能力。但它确实影响了一个人的受教育年限。通过比较这两组人的长期收入，研究者们发现，上学时间长的那组人确实在成年后赚得更多。这种方法巧妙地解决了"能力偏差"的问题，让我们能更准确地推断教育年限对收入的因果影响。

因本斯对工具变量方法进行了进一步的理论发展，使其应用范围变得更加广泛，为因果推断提供了更加严谨的数学框架。

另一个强大的因果推断工具是"断点回归分析"（regression discontinuity design，RDD）。这种方法特别适用于那些有明确"门槛"的政策或现象。想象一条河流，河的这边和那边的居民在很多方面都是相似的，但政府只在河的一边实施了某项政策。断点回归就像是在河边画一条线，比较线两侧居民的生活情况，从而推断政策的效果。

我们可以用这种方法来研究"高考状元光环"的影响。假设我们关注那些差一分就成为状元和差一分没成为状元的学生。这两组学生在能力上几乎没有区别，唯一的区别就是一组获得了"高考状元"的头衔，另一组没有。通过比较这两组人的长期发展情况，我们就能更好地理解"高考状元光环"的真实影响。这种方法的优势在于，它能有效地控制那些难以观察或测量的因素（如学生的天赋和努力程度），让我们能更准确地推断我们感兴趣的因果效应。

同样的思路也可以用来研究"名校效应"。我们可以关注那些刚好被名校录取和刚好被名校拒绝的学生。这两组学生的能力应该非常接近，主要区别就是他们最终就读的学校。通过跟踪这两组学生的长期发展情况，我们就能更准确地推断名校教育的实际影响，而不是简单地将名校毕业生的成就归功于学校本身。

这些创新方法的核心思想是：在我们无法进行随机试验的情况下，如何找到或创造出类似试验的情境，它们能帮助我们在复杂的社会现象中寻找因果关系，而不仅仅是相关性。这些方法为我们提供了一个强大的工具箱，使我们能够更好地理解社会现象背后的原因，从而制定更有效的政策或策略。

对企业管理者来说，理解因果关系的重要性怎么强调都不为过。当我们观察到两个现象同时发生时，很容易陷入"相关即因果"的陷阱。但正如我们所看到的，这种简单的推断可能导致错误的决策。相反，我们需要培养因果思维，不断问自己："这个行动真的会导致我们想要的结果吗，还是有其他因素在起作用？"

在数字化时代，我们拥有大量数据。这些数据让我们更容易发现相关性，但也增加了误解因果关系的风险。因此，掌握因果推断的基本原理，了解如何设计试验和解释试验结果,以及如何审慎地使用统计方法来推断因果关系,对现代管理者来说变得越来越重要。

因果思维不仅能帮助我们做出更好的决策,还能让我们更好地理解复杂的组织和社会现象。它让我们超越表面的相关性,深入探究事物发生的真正原因。在充满不确定性和快速变化的商业环境中,这种思维方式无疑应是每个管理者必备的。

3.5　前沿探索:AI 辅助数据驱动的管理

在数字化时代,数据驱动的管理已成为组织保持竞争力的关键。随着生成式 AI 的快速发展,组织管理领域正在经历深刻的变革。AI 不仅降低了数据分析的门槛,还为组织提供了前所未有的分析能力和洞察力。让我们通过一个医美企业的实际案例,来深入理解 AI 如何改变数据驱动的管理。

深圳百丽雅医美公司(简称百丽雅)的案例生动展示了 AI 在实际管理中的应用价值。这家拥有 200 名员工的医美企业面临着提升销售能力的挑战。传统的培训方法难以满足员工的个性化需求,特别是在面对一个包含销售人员、美容技师和行政人员的多元化团队时。2023 年 11 月,公司引入了一个基于 AI 的培训助手,这个系统能够通过自然语言交互为员工提供个性化的销售技能培训。

为了科学评估 AI 培训助手的效果，公司设计了一个严谨的准试验研究。它将员工随机分为实验组（137 人）和对照组（63 人），采用双重差分方法分析 AI 培训对销售业绩的影响。这种方法不仅考虑了市场趋势和季节性因素等的影响，还能控制员工个体差异带来的偏差。

研究结果令人振奋：使用 AI 培训助手的员工在美容卡销售数量上提升了 23.7%，总销售额增加了 24.6%。更有趣的是，研究发现 AI 培训助手对不同群体的影响存在显著差异，非销售岗位的员工和此前业绩较差的员工从 AI 培训中获得了最大收益，这表明 AI 培训特别适合帮助经验不足或业绩有待提高的员工。

这个案例完美诠释了 AI 如何从多个维度革新数据驱动的管理。首先，在数据来源方面，AI 能够处理包括文本、音频、视频在内的多样化数据，极大地扩展了可用信息的范围。其次，在数据分析层面，AI 通过自然语言交互降低了分析门槛，使更多管理者能够直接参与数据分析过程。最后，在思维层面，AI 帮助构建创新性变量和生成新颖假设，突破了传统思维的局限。

百丽雅的案例也提醒我们，AI 并非万能的。最佳的实践应该是 AI 与人类专家协同，融合 AI 的计算能力和人类的专业判断进行组织管理。例如，在分析员工培训效果时，人力资源专家的解释和洞察仍然不可或缺，因为他们能够将数据放在特定的组织文化和历史背景中进行理解。

这种人机协同对中小企业尤为重要。过去，由于缺乏专业人才和分析工具，许多中小企业难以充分利用数据。而现在，借助 AI 技术，即使资源有限的企业也能开展深入的数据分析，借此在竞争中占据优势。

展望未来，AI 辅助的数据驱动的管理将呈现出更高度的智能化、更强的个性化能力，以及更精准的预测性的特点。关键在于有效整合 AI 技术，培养数据驱动的文化，并在 AI 的洞察与人类的判断之间找到平衡。百丽雅的成功经验表明，当组织能够科学地评估和应用 AI 工具时，就能在实际运营中获得显著的成效，这将不仅体现在具体的业务指标上，更重要的是可以培养一种数据驱动的决策文化，为组织的长期发展奠定基础。

3.6　小结

本章深入探讨了建立数据驱动的思维模式的重要性和方法，从多个角度阐述了如何在组织管理中实现真正的数据驱动决策。我们详细分析了假设思维、变量思维、统计思维和因果思维这四种核心的数据思维，并通过丰富的案例和研究结果，展示了这些思维如何改变传统的管理实践。

- 假设思维是数据时代的决策基石，它鼓励管理者在做出判断前先提出可验证的假设，而不是直接依赖既有认知或经验。这种方法有助于克服经验主义的局限，使决策过程更开放、更科学。
- 变量思维强调用一种差异去解释另一种差异，是理解复杂组织现象的关键。我们详细讨论了静态变量、评估变量、客观绩效变量、测评变量和行为大数据等不同类型的组织变量，以及如何整合这些变量构建全面的数据生态系统。
- 统计思维为管理者提供了科学客观地理解数据的方法。我们探讨了统计显著性、均值比较和相关性分析等核心概念和工具，强调了它们在辨别真实趋势与随机波动方面的重要作用。
- 因果思维可以探寻现象背后的本质联系——这是数据驱动决策的终极目标。我们介绍了随机对照试验、双重差分法、工具变量法和断点回归分析等先进的因果推断方法，展示了如何在复杂的组织环境中识别真正的因果关系。
- 人工智能,特别是生成式 AI,正在彻底改变数据驱动的管理。AI 不仅扩展了可用信息的范围,还降低了数据分析的门槛,同时在变量构建和假设生成方面提供了创新性的支持。

第 4 章

用数据驱动的方式选人

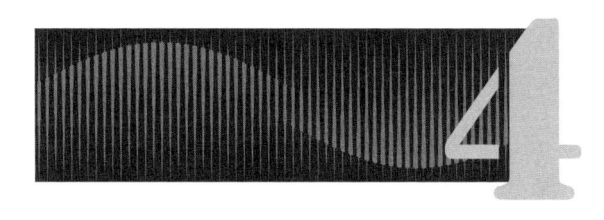

在前几章中，我们深入探讨了数据驱动管理的核心原理和基本原则。这些理论为我们提供了一个全新的视角，让我们能够以更科学、更客观的方式来看待和解决管理问题。现在，让我们将目光聚焦到一个每个企业都极为熟悉，却又常常感到棘手的场景：人才选拔。通过这个具体的应用场景，我们将看到数据驱动的方式如何优化和改革传统的管理实践。

选人，无疑是企业管理的重中之重。如果我们问各个公司的领导："招聘在贵公司有多重要？"满分是10分的话，大多数人可能都会毫不犹豫地打出10分。然而，现实却很残酷：我们经常听到领导们抱怨说"真的很难找到优秀的人才"。这种现象背后，折射出的或许是传统招聘理念和方法的一些误区。

在这个背景下，让我们把目光投向在人才管理方面表现卓越的科技巨头谷歌。多年来，谷歌一直都在汇聚全球顶尖人才，尤其是人工智能领域的。谷歌在人才密度和技术创新方面拥有绝对优势，而且整个大语言模型发展的根基——

Transformer架构，正是由谷歌研究团队在2017年提出的。这一开创性的工作为后续的BERT、T5，直至近期的PaLM系列奠定了基础。谷歌在AI大模型的研发中不仅占据了多个关键节点，更重要的是，它定义了整个行业的发展方向。这种在AI领域的持续领先地位绝非偶然，而是谷歌数据驱动的人才策略有效性的直接体现。谷歌的管理哲学可以简单概括为：招募最优秀的人才，然后为他们创造环境，让他们充分发挥才智。

像字节跳动这样的新兴科技公司在人才管理方面则开创了独特的"科技+人文"双轮驱动模式。字节跳动以灵活的管理风格著称，在众多管理领域推行授权赋能的策略。然而，在人才筛选方面，它建立了一套融合AI技术与严格招聘标准的科学评估体系。这种创新性的做法，体现了公司对人才质量的极度重视，也提供了科技公司运用自身技术优势提升人才管理效能的典范。

据了解，字节跳动目前在全球拥有约数万名研发人员。为了高效管理这支庞大的研发团队，它开发了一套基于AI技术的人才评估系统，将传统的面试流程与智能化筛选相结合。该系统不仅能够通过机器学习算法分析候选人的技术能力，还能通过自然语言处理技术评估其过往项目经历的真实性以及与这项工作的相关性。更值得注意的是，即使拥有如此先进的技术的支持，研发负责人仍坚持亲自把关一线研发人员的录用。在这个过程中，他会向用人经理提出一个基于数据支撑的关键问题："你让我批准的这个 offer，对应的候选人的水平是否优于你团队的平均水平？"这种将 AI 技术与人工判断相结合的方法，使得字节跳动能够在快速扩张的同时保持较高的人才密度。

在本章中，我们将深入探讨如何用数据驱动的方式选人，揭示那些看似神奇的招聘成果背后的科学逻辑。我们将剖析传统招聘方法的局限性，介绍用数据驱动的方式选人的核心原理，并探讨如何将 AI 技术应用于招聘全流程。

4.1 用数据驱动的方式选人的核心逻辑

4.1.1 招聘的本质

探讨谷歌在 AI 领域的人才优势，我们不得不思考一个关键问题：谷歌是如何在人工智能领域建立起如此强大的人才生态的？让我们来看看谷歌独特的招聘策略，这些策略反映了它对人才质量的执着追求。

首先，谷歌很少对申请者设置门槛，它欢迎各种背景的人才来申请他们的职位，秉持"多多益善"的理念。这种开放的态度确保了公司不会错过任何潜在的优秀人才。其次，在过去相当长的一段时间里，谷歌的招聘流程极其严格。你能想象吗？即使是招聘一个普通职位的员工，也需要经过15～25轮的面试，整个招聘周期可能超过半年。这种看似"极端"的做法背后有什么逻辑呢？

为了深入理解谷歌的招聘哲学，以及更广泛的数据驱动选人策略，让我们思考两个关键问题。

在招聘过程中，面试是必不可少的环节。第一个问题是：你倾向于使用结构化面试还是非结构化面试？

- **结构化面试** 每个候选人都会被问到相同的问题，按照预定的标准评分。这种方法能够提供一个公平、统一的评估标准，最大限度地减少面试官主观偏见的影响。
- **非结构化面试** 面试官可以根据情况自由提问，做到"千人千面"。这种方式能够更好地兼顾每个候选人的独特背景和经历，深入探讨他们的个性化技能或经验。

第二个问题是：如果有10个职位空缺，你认为需要多少候选人才足够进行筛选？

- 20个

- 30 个
- 50 个
- 100 个
- 1000 个
- 更多

对于面试方式的选择，不同的公司和招聘经理可能会有截然不同的答案。有些公司坚持使用结构化面试，认为这能确保评估的公平性；而另一些公司则偏好非结构化面试，认为这样能更好地了解候选人的个性和潜力。

同样，关于理想的候选人数量，观点也大相径庭。有些人认为 10∶1 的比例已经相当不错，而有些公司，特别是顶级科技公司，可能会追求 1000∶1，甚至更高的比例。差异的背后是各个公司深思熟虑的理由，很难简单地进行统一。

那么，我们能否用数据驱动的方式来解答这两个问题呢？

这两个问题看似简单，实则触及了招聘的核心逻辑。从数据驱动的第一性原理来看，招聘本质上是一个预测候选人未来表现的过程。理想情况下，我们希望候选人在招聘过程中的表现（招聘成绩）与他们未来的工作绩效之间存在强相关性。然而，现实情况往往更为复杂。

图 4-1 展示了一个典型的招聘场景：公司有 10 个职位

空缺，收到了 40 份申请。图中有两条关键的虚线：竖直的"录取线"将应聘者分成了录取和未录取两组，水平的"工作表现合格线"区分了高表现员工和低表现员工。

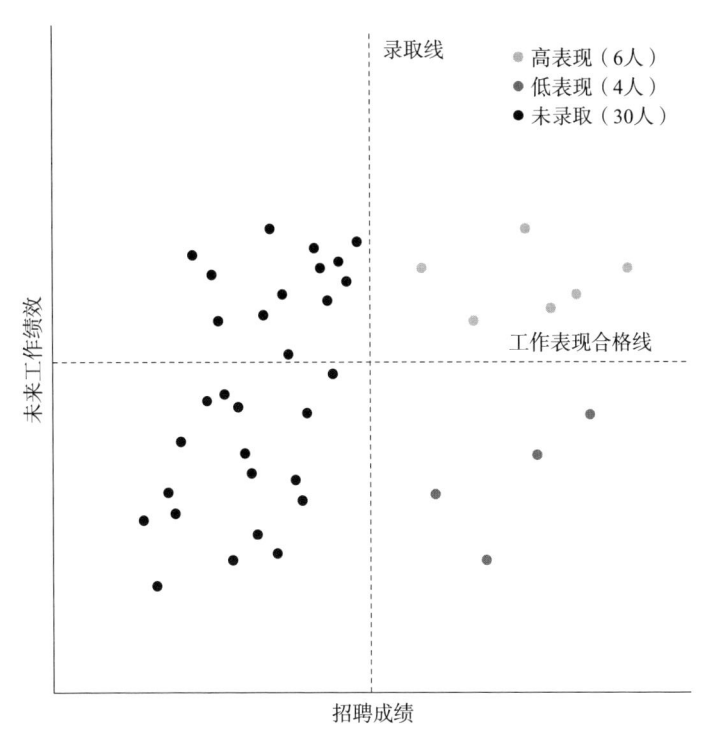

图 4-1 招聘成绩和未来工作绩效中等相关示意图

从数据分布来看，这 40 个样本呈现出了非常有趣的状态：30 人未通过录取线，10 人通过录取线，其中 6 人达到了预期的工作表现，4 人未达到预期。这个结果揭示了招聘过程中的一个普遍现象：即使是经过精心筛选的候选人，其未来表现仍存在相当大的不确定性。具体来说，在这10位被录取的候选人中，招聘准确率为60%（6位高表现者）。

特别值得注意的是点的分布状态。如果招聘测评完全准确，我们应该看到所有点都集中在对角线上，即高分者（录取组）都有高表现，低分者（未录取组）都有低表现（关于图中未录取组绩效是如何获取的，我们在后文会具体解释）。但实际图像显示，即使在录取线右侧（高分区），仍有4个点落在了合格线以下，这表明招聘测评并不能完全预测候选的未来表现。

这个散点图直观地揭示了招聘过程中的核心挑战：如何提高选才的准确性？如何更好地预测候选人的实际工作表现？这些问题不仅关系企业的人才质量，更会影响企业整体的运营效率和发展。

4.1.2　如何提升招聘准确率

（1）提升评估工具的效度

提高招聘准确率的一个重要方法是使用更有效的评估工具，也就是"更好的考试"。这种方法的核心在于提升评估工具的**效度**（validity）。效度是衡量评估工具质量的关键指标，它描述了候选人的招聘成绩与未来工作绩效之间的相关性。通俗地讲，效度告诉我们在招聘阶段对候选人的评估结果能在多大程度上准确预测他们的未来工作表现。

效度可以通过**相关系数**来量化，数值越高，表示评估工具的预测能力越强。在使用更为科学和精准的招聘测评工具后，招聘成绩与未来工作绩效之间的相关性会得到显著提升，会有更多的候选人在实际工作中表现优异。

如图 4-2 所示，当我们采用一个更好的招聘测评方法（效度更好）后，招聘成绩和未来工作绩效之间的相关关系得到了明显的提升。在招聘时表现良好的 10 位候选人中有 9 位在未来的工作中达到了预期的标准。这时，在录取比例相同的情况下，招聘准确率提升到了 90%。

谷歌早期的面试流程安排正是基于提升效度的考虑。它采用了多轮面试，甚至多达 25 轮，以确保招聘决策的准确性。这种多轮面试背后的数据逻辑非常清晰：每一轮面试都会为整体效度贡献一定的增量。通过逐步积累候选人在不同情境下的表现数据，谷歌能够更加全面地评估他们是否具备胜任未来工作的潜力。多轮面试可以帮助企业逐步缩小候选人在招聘过程中的表现与他们的未来工作绩效之间的差距。

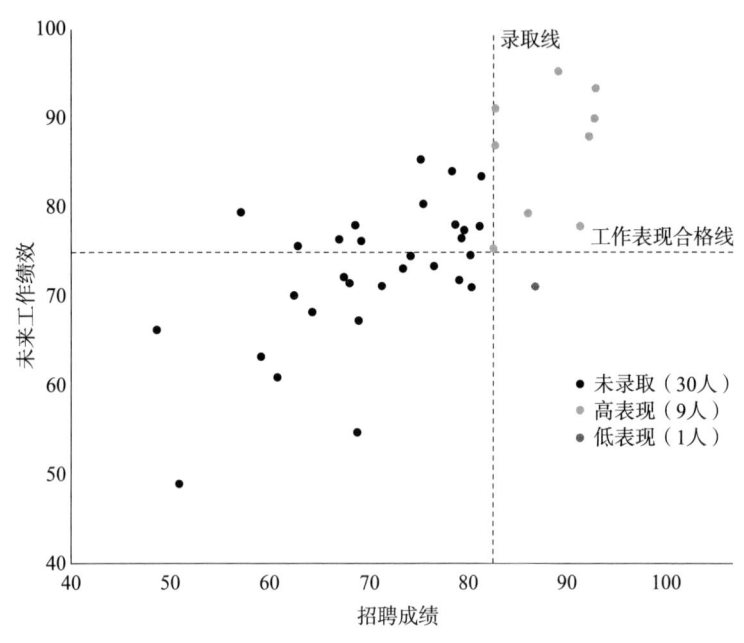

图 4-2　招聘成绩和未来工作绩效强相关示意图

尽管这种做法能大幅提升招聘的效度，但随着谷歌的业务扩展，资源和时间成本的增加使得这样的面试流程难以维持。因此，谷歌依靠内部数据分析，对面试轮次和效度进行了优化。如图 4-3 所示，通过分析大量的历史招聘数据，谷歌发现：在第 4 轮面试时，面试效度已经达到 86%，即此轮面试所能达到的准确率已经非常接近最佳水平。如果继续增加面试轮次，效度的提升幅度变得极小——每增加一轮面试，效度提升仅 1%。虽然这种增益仍然对准确率有帮助，但相对面试消耗的资源和时间成本而言，增加面试轮次变得不再值得。

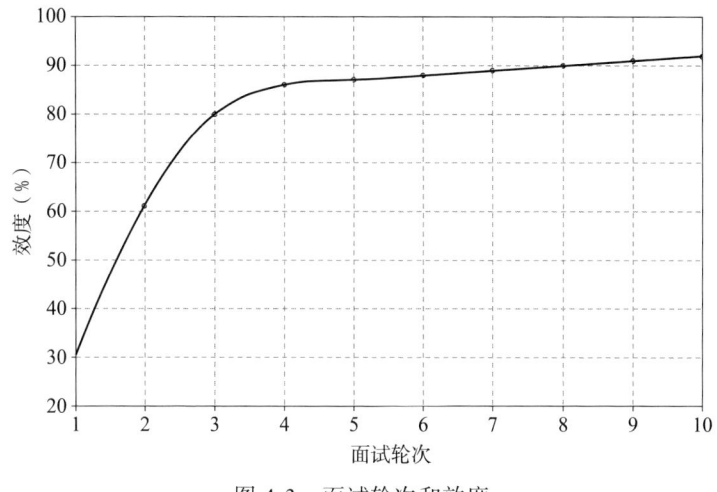

图 4-3　面试轮次和效度

（2）提高录取标准

除了提升评估工具的效度，在大厂还有一种常见的策略——提高录取标准。

如图 4-4 所示，当提高录取标准时（即把录取线向右移动，形成新录取线），企业会淘汰掉更多的表现一般的候选人，只录用少数在招聘阶段表现最为优异的候选人。这里需要强调的是，候选人的招聘成绩与未来工作绩效之间存在一定的相关性，尽管这种相关性并不完美，但只要评估工具是有一定效度的，通过提高录取标准，企业确实能够大大提升员工的整体表现。

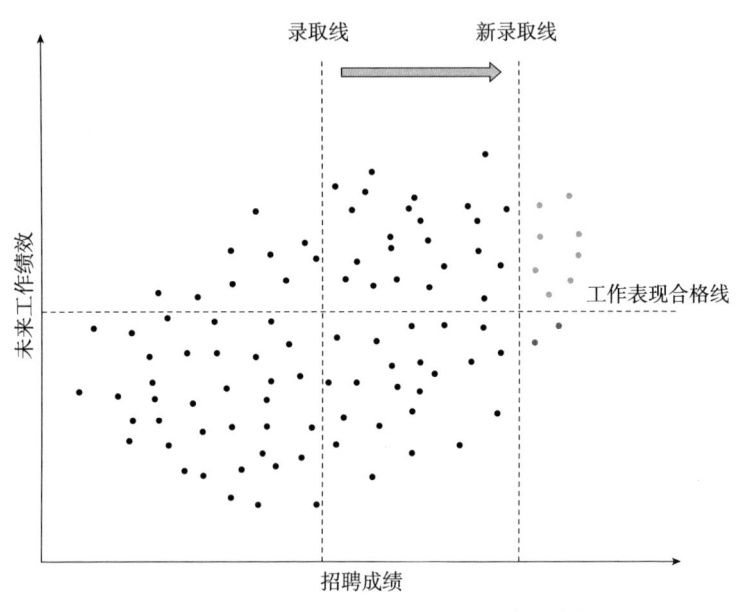

图 4-4 通过提高录取标准提升招聘准确性

这种调整带来的影响是积极的。首先，减少了误判。随着录取标准的提高，那些在未来工作中可能表现不佳的候选人会在招聘时被提前淘汰，这能避免企业因选错人而付出代价。其次，提升了录用者的整体质量。当录取线右移后，只有那些在招聘阶段表现优秀且根据相关性推测在未来工作中也很有可能表现出色的候选人才会被录用。这样，企业能够提高新员工的整体水平，确保团队质量的稳步提升。

这种策略在像谷歌这样的公司中尤为典型。作为候选人基数庞大的全球性企业，谷歌通过提高录取标准，确保录取的都是顶尖的候选人。谷歌之所以能够采用如此严格的标准，主要基于两个原因。一是它通过数据驱动的招聘流程，积累了大量与未来工作绩效相关的招聘成绩数据。二是它对自己的招聘模型有足够的信心。这也解释了为何谷歌敢于不预设过多的硬性条件（如学历或工作经验）来选人。

（3）范围限制的影响

你可能会问：我们怎么知道那些没有被录取的候选人未来的工作绩效？毕竟我们无法获得他们入职后的绩效数据。这是一个非常重要的问题，也是我们在讨论招聘准确率时必须面对的挑战。

现实中，我们确实无法直接知道那些没有被录取的候选人的未来工作绩效，因为他们没有进入公司，自然也就没有后续的绩效数据供我们分析。然而，这并不意味着我们完全无法做出合理的推断。企业可以通过分析已录用员工的招聘成绩和未来工作绩效数据，并结合一定的统计方法，来推断那些未被录用候选人的潜在表现。

通过对已录用人员的招聘成绩和未来绩效之间的相关性进行分析，我们能够识别出影响工作表现的关键因素。假设我们发现，某些在招聘时表现特别优异的候选人在工作中通常也表现出色，我们就可以推测出那些在相同维度上表现优异的没有被录取的候选人也可能具有类似的潜力。

在衡量招聘准确率时，我们会遇到一个统计学上的问题，叫作范围限制。当我们分析现有员工的招聘成绩与未来工作绩效的关系时，这一分析只基于被录用的员工，而那些未通过筛选的候选人不在样本范围内。这种限制可能会带来一定的偏差，因为我们无法知道那些未被录取的候选人在未来是否也会有出色的工作表现。

在人才选拔过程中，范围限制是一个常见但容易被忽视的统计现象。图 4-5 通过两个对比鲜明的散点图，生动地展示了范围限制的影响。让我们先看左图，它展示了 200 名候选人的完整数据。横轴上的招聘测试分数从 40 分到 100 分不等，纵轴则记录了这些人的工作表现评分。在这个未经筛选的完整数据中，我们可以清晰地看到一个相当强的正相关关系——相关系数达到 0.43，这表明招聘测试确实能较好地预测候选人的未来工作表现。

现实中的招聘决策往往需要设定一个筛选分数线（左图中竖线），只有达到这个标准的候选人才会被录用。右图展示了这样筛选后的结果：只显示了招聘测试分数超过分数线的 100 名候选人的数据。这时我们会发现一个有趣的现象：相关系数下降到了 0.18。这种下降并不意味着招聘测试本身的预测能力变差了，而是因为我们的观察视角受到了限制。

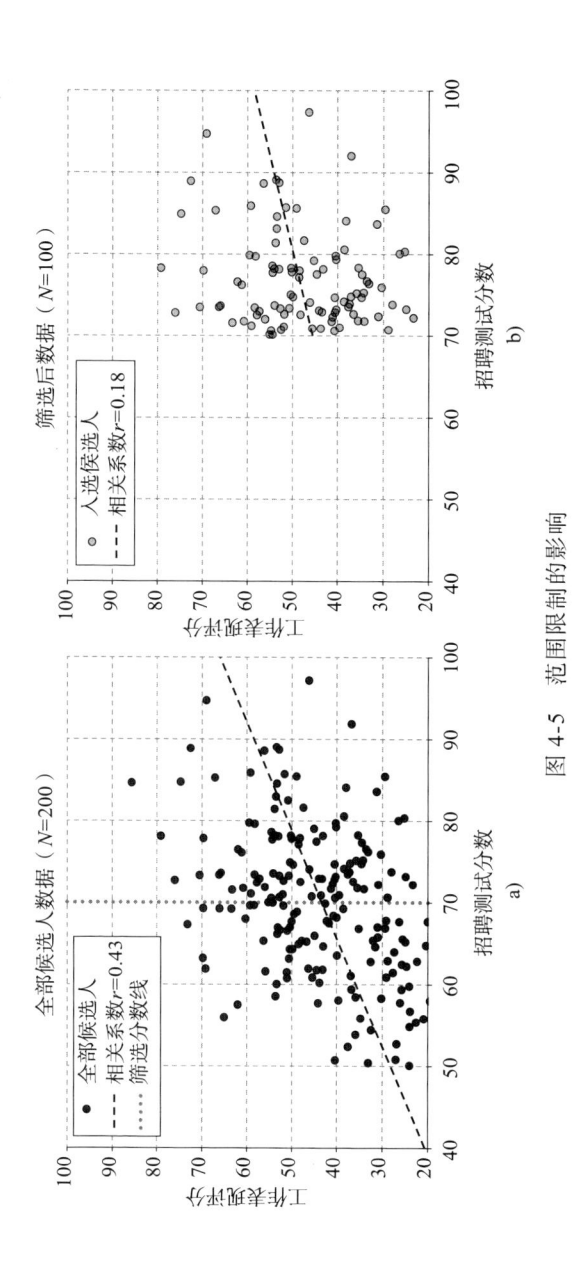

图 4-5 范围限制的影响

为什么会出现这种现象？设想一下，当只关注高分群体时，我们实际上切掉了数据的左半部分。这就像是在看一幅画的局部一样，失去了全景视角。那些招聘测试分数较低但可能在工作中表现出色的候选人，以及招聘测试分数低且工作表现也欠佳的候选人，都被排除在了分析之外。这种数据的"截断"导致了变异性的减少——就像我们在右图中看到的，数据点都集中在了较高分数段。这种变异性的减少必然会影响到我们观察到的相关系数。

这个现象给人才评估带来了重要启示：如果我们仅仅基于已入职员工的数据来评估工具的有效性，很可能会低估测试的实际预测效力。完整数据显示的 0.43 相关系数才更准确地反映了招聘测试的预测能力。这就像是通过望远镜的一小部分区域观察星空一样，必然会错过更广阔的天象。因此，在评估工具的效能时，我们需要充分认识到范围限制的影响，避免做出片面的判断。

假设某公司使用 IQ 测试作为评估工具，并设定了一个较高的标准：只有 IQ 高于 120 的人才被录用。在录用后，公司发现 IQ 与工作表现的相关系数是 0.30。这个数据似乎表明，IQ 与工作绩效的关系并不是很紧密。这里的关键问题是范围限制。因为我们只分析了 IQ 超过 120 的人群，样本的变异性降低了，所以相关性看起来较低。如果公司能够获取所有候选人的完整数据，可能会发现，IQ 与绩效的真实相关性其实更高。这意味着，当我们只观察高分群体时，忽略了那些未被录取的低分群体，实际会低估测试工具对工作表现的预测能力。

4.2 为什么非结构化面试不靠谱

在之前的章节中，我们已经探讨了招聘的基本逻辑，尤其是候选人的招聘成绩与未来工作绩效之间的相关性。这让我们能够更好地解答一个常见的问题：在选人过程中，应该选择结构化面试还是非结构化面试？

这个问题的核心在于两种面试方式的效度，即它们能够在多大程度上预测候选人的未来工作表现。研究数据显示，非结构化面试的效度相关系数仅为 0.19，而结构化面试的相关系数达到了 0.42，是前者的两倍。显然，结构化面试远比非结构化面试更能有效预测员工的未来表现。

那么，为什么很多人认为结构化面试"死板""不灵活"，甚至限制了候选人的发挥，但它却更有效呢？要解答这个问题，我们首先需要理解两种面试方式背后的逻辑。

4.2.1 考试逻辑 vs 匹配逻辑

很多人将招聘视为一个相互匹配的过程，类似于相亲，目标是找到与公司或团队匹配的人。这种逻辑使得许多面试官倾向使用非结构化面试，他们希望通过自由提问或基于候选人简历中的个人经历，判断候选人与岗位的"匹配度"。

然而，招聘的本质更像是考试，而不是简单的匹配。在考试中，我们希望所有考生都面对相同的考题，以确保评估标准统一。如果每个候选人回答的都是不同的题目，那么评估的公平性将无法得到保障。这正是非结构化面试的主要问题所在。

结构化面试采用的正是这种"考试逻辑"。它通过预设统一的问题和标准化的评分系统，确保对每个候选人的评估都具有可比性，从而避免了因为面试官的主观判断或候选人的个性差异而造成的偏差。

结构化面试的高效度源自它的系统化设计。整个过程从岗位的具体需求出发，企业首先明确这个岗位需要哪些关键技能和能力，然后通过面试问题对候选人的这些能力进行评估，确保问题能够有效预测他们在未来工作中的表现。结构化面试之所以效度高，是因为它针对岗位要求，对每个候选人的各个关键能力维度进行了系统测试。

举个例子，假设一个岗位需要候选人具备"危机处理"

"创新思维"和"人际协调能力"。结构化面试会根据这些需求设计相应的问题,确保每个候选人在这些方面的能力都能得到有效的评估。所有候选人都会面对同样的问题,这些问题直接对应岗位的实际要求。因此,结构化面试既能够确保评估的一致性,又能准确评估候选人的核心能力。

很多人对结构化面试的误解在于认为它过于死板、不够灵活,甚至限制了候选人的自由发挥。但事实上,结构化面试并不是一成不变的固定问答,它基于岗位需求,既保持标准化,又允许候选人展现其个人特色。

例如,如果一个岗位要求候选人具备"创新思维",面试官可能会向所有候选人提出同样的问题:"请举一个你通过创新方法解决复杂问题的例子。"尽管每个候选人的背景和经历不同,回答的细节也各异,但他们都必须展示与创新相关的能力。

4.2.2 面试中的测评偏差

与结构化面试不同,非结构化面试的问题往往是随机的,面试官基于简历或个人兴趣即兴提问,导致每个候选人被考察的内容都不一样。例如,一个面试官可能会询问一个候选人关于团队合作的经历,而另一个面试官则更关注另一个候选人的领导能力。即便两个候选人回答得都很出色，他们被评估的维度却完全不同，这使得最终的评估缺乏可比性。

由此可见，非结构化面试不仅会导致评估中重要能力维度的缺失，还容易出现主观偏差。不同候选人面对的测试不一样，导致最终的决策无法保持一致和客观。

非结构化面试更容易引发面试官的心理偏差，以下是几种常见的心理偏差。

第一印象偏差 面试官往往会根据候选人在面试时最初几分钟内的表现，对候选人形成强烈的第一印象，并在接下来的提问中都带着这种印象。例如，如果候选人在开场时表现得非常自信大方，面试官在后续的问答中可能会倾向于给这位候选人打出较高的评分，就算他后续的表现可能并不那么出色。

确认偏误 一旦面试官形成了某种印象，他们往往会无意识地寻找支持这一印象的证据，而忽略那些与之相悖的信息。例如，如果面试官认为某位候选人具备很强的领导能力，他们可能会集中提问领导力相关的问题，而忽略对其他能力的评估。

提供低效信息 非结构化面试中的提问通常基于面试官的个人兴趣或候选人简历中的某些细节，导致面试所获得的信息不全面或不具备横向可比性。例如，面试官可能花大量时间讨论某位候选人的某段工作经历,而对其他候选人则没有提出同类问题,最终无法有效比较不同候选人的能力。

研究表明,结构化面试中面试官的评分一致性远高于非结构化面试,这体现在评分间可靠性和重测可靠性两个关键维度上。

评分间可靠性(inter-rater reliability) 这是指不同面试官对同一位候选人的评分一致性。结构化面试的评分间可靠性为 0.42,而非结构化面试的评分间可靠性仅为 0.20。这意味着在结构化面试中,不同面试官对同一候选人的评分更加一致,确保了面试结果的客观性。而在非结构化面试中,由于问题和评估角度不同,不同面试官的评分差异较大,容易出现主观偏差。

重测可靠性(test-retest reliability) 这是指同一面试官在不同时间对同一候选人的评分一致性。结构化面试的重测可靠性为 0.62,而非结构化面试的重测可靠性仅为 0.10。也就是说,结构化面试能够确保面试官在不同时间对同一候选人的评分一致性较高,而非结构化面试则容易受到面试官情绪或情境的影响,即便是同一面试官,他在不同时间对同一候选人的评分也可能出现较大差异。

相比之下,结构化面试通过标准化的问题和评分系统,减少了面试中的主观偏差,并提高了面试的评分一致性和预测效度。尽管很多人认为结构化面试限制了灵活性和发挥空间,但事实证明,这种面试方式更能够有效、科学地评估候选人的真实能力。而非结构化面试的随机性和主观性使得其效度低、可靠性差,在现代数据驱动的招聘实践中,其弊端愈加明显。因此,企业若要提高招聘质量、减少决策中的偏差,结构化面试无疑是更加明智的选择。表 4-1 是一些结构化面试的问题示例,可供大家参考。

表 4-1 结构化面试的问题示例

题目类型	功能或目的	示例问题	评估维度
行为测试问题	通过了解过去的行为预测未来的表现	"请描述一次你在项目中克服重大挑战的经历。"	解决问题能力、抗压能力、责任心
情境测试问题	测试候选人在特定情境下的决策能力和应对方式	"如果你发现团队士气低落且项目进度滞后,你会怎么做?"	决策能力、领导力、团队管理能力
能力测试问题	测试岗位所需的特定能力,确保候选人具备岗位要求的技能	"你曾通过什么创新手段提高团队效率?"	创新能力、效率优化
基于价值观的提问	确保候选人的价值观和公司文化相符	"请谈谈你在工作中如何平衡团队合作与个人贡献。"	文化契合度、团队精神
领导力问题	测试候选人的领导能力和管理风格	"请描述你如何处理团队中的冲突,并带领团队达成目标。"	领导力、冲突管理能力、激励能力
动机问题	了解候选人对工作的热情和职业动机	"是什么激励你在工作中不断进步?"	自我驱动力、职业忠诚度

4.3 为什么选人不能单看工作经验

在招聘过程中,我们往往依赖各种评估工具来判断候选人的匹配度和可能的未来工作表现,这些工具包括工作经验评估、面试、智商测试、工作样本测试等。在进行筛选时,许多招聘者通常会列出几个"必选"的评估工具,假设现在你需要从表 4-2 中选出三种你认为最为关键的评估工具,你会如何选择?

表 4-2 常见的评估工具

评估工具名称	简短解释
职业兴趣评估	评估候选人的职业兴趣与岗位的匹配度
工作经验评估	根据候选人在相关岗位的工作年限和经历评估其工作能力
个性测试	测试候选人的责任心、条理性等个性特质
评估中心测试	使用多种方法(如模拟任务、讨论)对候选人进行多维度的综合评估
非结构化面试	面试官随意提问,没有统一问题或评分标准
道德测试	测试候选人的诚信和道德标准
智商测试	评估候选人的智力、学习能力和解决问题的潜力
工作样本测试	通过模拟工作任务测试候选人的实际操作能力
工作知识测试	测试候选人对特定岗位所需知识的掌握情况
结构化面试	采用统一的问题和评分标准,对候选人进行系统化的面试评估

如果你像大多数管理者一样，工作经验评估很可能会是你最先想到的工具之一，甚至它可能是你认为的评估工具"必选项"。毕竟，工作经验被视为候选人过去表现的总结，似乎理所当然能预测他们未来的表现。

然而，令人惊讶的是，研究数据显示，工作经验评估实际上是效度最低的评估工具之一。

如图 4-6 所示，保罗·萨克特等人（2021）在《应用心理学杂志》上发表的一项研究表明，工作经验评估与未来工作绩效的相关性远低于许多其他评估工具，其效度系数仅为 0.10。这项元分析研究全面审视了人事选拔中各种评估工具的效度，其结果挑战了我们长期以来对工作经验的认知。

相比之下，结构化面试和工作样本测试的效度系数分别达到了 0.42 和 0.33，显示出更强的预测能力。这一发现不禁让我们思考：为什么工作经验这个看似直观的指标在预测候选人的未来工作表现时却如此不可靠呢？

工作经验评估之所以效度如此之低，主要是因为它只是一种"粗信号"。它虽然能告诉我们一个人在某个领域工作了多长时间，但却无法真实反映这段经历的质量和深度。这种局限性在多个方面都有所体现，值得我们进一步探讨。

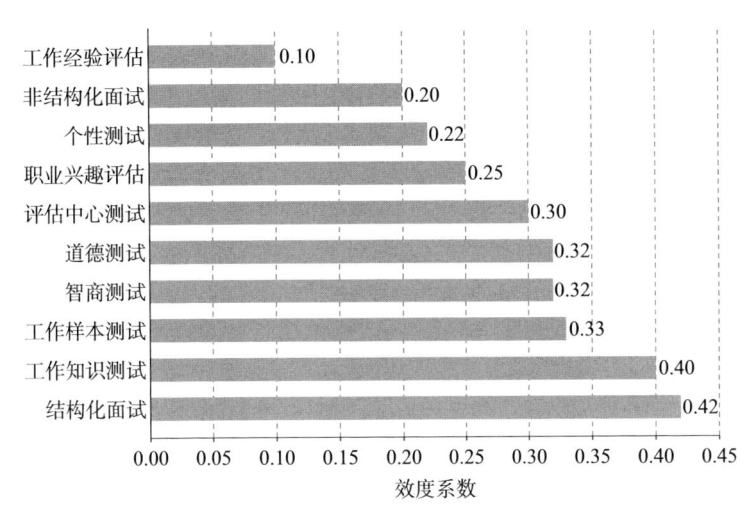

评估工具	效度系数
工作经验评估	0.10
非结构化面试	0.20
个性测试	0.22
职业兴趣评估	0.25
评估中心测试	0.30
道德测试	0.32
智商测试	0.32
工作样本测试	0.33
工作知识测试	0.40
结构化面试	0.42

图 4-6 基于元分析的评估工具效度系数汇总

注：效度系数通常以相关系数的形式呈现，但两者并非完全等同。效度系数经过测量误差的校正——包括范围限制校正和信度校正等统计调整，可以更加准确地反映招聘评估工具与员工真实工作表现之间的关系。

首先，工作经验难以准确反映个人成长的轨迹和速度。想象一下，两位同样拥有 5 年工作经验的市场营销经理的实际能力可能天差地别。一位可能在这 5 年里积极进取，不断学习新技能，参与跨国项目，成功推动过重大营销活动；而另一位可能只是重复着相似的日常工作，很少接触新的挑战或学习新的技能。这种差异在简单的工作年限描述中是无法体现的。

其次，工作经验并不能准确反映一个人的学习能力和适应性，这一点在快速变化的科技行业尤为明显。一位有 10 年经验的软件工程师可能一直在使用相同的编程语言和技术栈，对新兴技术缺乏了解。相比之下，一位只有 3 年经验但经常参与开源项目、积极学习新技术的工程师，可能在解决现代软件开发问题上更具优势。在这种情况下，工作经验多的候选人并不一定更适合岗位需求。

萨克特等人的研究指出，工作经验虽然容易获取和量化，但它无法准确反映候选人在工作中实际学到了什么，也无法体现他们解决问题的能力和效率。研究中的一个重要发现是，工作经验与工作绩效之间的关系并非线性的。也就是说，随着工作经验的增加，个人能力的提升并不是等比例的。在大多数情况下，工作经验对绩效的影响在前几年最为显著，之后就会趋于细微。这解释了为什么单纯依靠工作经验来判断候选人能力是不可靠的。

那么，如何改进我们的招聘流程，使其更加科学和有效呢？研究结果为我们指明了方向：我们应该更多地依赖那些能提供"精确信号"的评估工具，特别是工作样本测试、工作知识测试以及结构化面试。

在现代人才招聘和评估过程中，工作样本测试已经成为一种越来越受欢迎的方法，它能够有效弥补传统的简历筛选和面试的不足。工作样本测试本质上是一种模拟实际工作场景的评估方法,旨在让候选人展示他们在真实工作环境中的能力和表现。这种方法不仅能够更准确地评估候选人的实际技能,还能为雇主提供更多关于候选人如何应对具体工作挑战的洞察。

以软件工程师的招聘为例,许多科技公司采用多样化的工作样本测试方法。这些方法通常包括代码挑战、系统设计题和代码审查等环节。在代码挑战中,候选人需要在限定时间内解决一个或多个编程问题,这不仅能测试他们的编码能力,还能评估他们的问题分析和算法设计能力。系统设计题则要求候选人设计一个大规模系统的架构,这能够考察他们的系统思维和对复杂问题的处理能力。代码审查则是模拟日常工作中的代码复查过程,考察候选人的代码质量意识和团队协作能力。

工作样本测试之所以被视为一种"精确信号",是因为它能够直接反映候选人在实际工作中的表现。相比于简历中列出的工作经验这种"粗信号",工作样本测试提供了更具体、更相关的信息。例如,候选人可能在简历上声称有五年的 Python 开发经验,但通过代码挑战,我们可以直接观察到其编码风格、解决问题的方式和代码质量,这些都是简单的工作年限无法反映的。

此外,工作样本测试的另一个优势在于其较高的预测效度。研究表明，工作样本测试与候选人的未来工作表现之间存在较强的相关性。这是因为这种测试方法最大限度地模拟了实际工作环境，因此能够更准确地预测候选人在实际工作中的表现。例如，谷歌、Facebook等科技巨头在多年的实践中发现，通过工作样本测试选拔的工程师往往在实际工作中表现出色，这验证了该方法的有效性。

在人才评估的多元化方法中，除了工作样本测试，工作知识测试也是一种极具价值的评估工具。工作知识测试主要用于评估候选人对特定工作领域的理论知识和概念理解，它在某些情况下可以成为对工作样本测试的有力补充，甚至可以在某些岗位的招聘上作为主要的评估方法。

工作知识测试通常包括一系列与特定工作相关的问题，这些问题可能涉及行业术语、最佳实践、法规要求、技术标准等方面。例如，对于一位财务分析师，工作知识测试可能包括会计准则、财务报表分析、风险管理等方面的问题。对于一位人力资源专员，测试可能涉及劳动法、招聘流程、绩效管理等领域的知识。这种测试方法能够有效地评估候选人是否具备执行实际工作所需的基本知识储备。

相较于工作样本测试，工作知识测试在某些情况下具有独特的优势。首先，它适用于那些难以直接模拟实际工作场景的岗位。例如，对于需要长期积累经验的高级管理岗，或者涉及复杂决策和战略规划的岗位，工作样本测试可能难以全面模拟实际工作情况。在这些情况下，工作知识测试可以有效地评估候选人的理论基础和思维方式。

其次，工作知识测试通常更容易标准化和量化，这使得它在大规模招聘中特别有用。例如，在公务员考试或大型企业的校园招聘中，工作知识测试可以高效地筛选出具备基本专业知识的候选人。这种标准化的特性也使得不同候选人之间的比较更加客观和公平。

正如我们前文所讨论的，结构化面试的价值远超其表面的标准化框架。在此，我们要特别强调其作为"整合平台"的独特优势。结构化面试能够灵活地融合工作样本测试和工作知识测试等其他评估工具，从而在保持面对面交流优势的同时，实现更全面的人才评估。

我们之前详细探讨过结构化面试如何将实际工作场景和专业知识测试融入面试过程。这种整合不仅提升了评估的效率，更重要的是提高了评估结果的可靠性。通过将不同评估维度统一到结构化的框架中，面试官能够在有限的时间内获取更丰富、更有价值的信息。

这种整合能力使结构化面试成为人才评估工具箱中独特而强大的存在。它既保持了面试形式固有的灵活性和深度，又能系统地吸收其他评估工具的优势，为组织的选才决策提供更可靠的依据。

4.4 案例：谷歌如何优化招聘流程

在硅谷的创新圣地，谷歌不仅以其突破性的技术闻名于世，更因其独特的企业文化和强大的人才储备成为全球瞩目的焦点。在公司快速发展的过程中，谷歌面临着一个看似两难的问题：如何在保持高标准的同时，提高招聘的效率和准确率？这个挑战催生了一场持续近20年的招聘革命，彻底改变了科技行业的人才选拔方式。

回溯到21世纪初，谷歌的招聘流程虽然严格，但效率低得令人咋舌。候选人常常需要经历多达25轮面试，整个过程可能超过半年。公司过分重视候选人的学术背景，将高GPA和名校光环视为圭臬。招聘决策很大程度上依赖面试官的直觉和个人判断，这不可避免地造成了主观偏差。更令人担忧的是，这种方法造就了一支背景单一的员工队伍，潜在地限制了公司的创新能力。

面对这些挑战，谷歌做出了一个大胆的决定：将其引以为豪的数据分析能力应用到内部，彻底重塑招聘流程。这个决定标志着一场招聘革命的开始，它将彻底改变谷歌，并最终影响整个科技行业。

收集海量数据

从候选人的教育背景、工作经验到面试表现，再到入职后的绩效评估、晋升速度和创新贡献，每一个环节都被仔细记录和分析。这个庞大的数据库成了谷歌优化招聘流程的基石，也是它不断挑战传统招聘方式的智慧源泉。

深入分析数据

谷歌得出了一些颠覆性的发现，例如，它发现，面试轮次超过 4 轮后，面试效度的提升幅度显著递减。长期以来，高 GPA 一直被视为优秀人才的标志。然而，谷歌的数据显示，这个标志的重要性可能被过分夸大了。

就应届毕业生而言，GPA 确实在一定程度上反映了他们的学习能力和职业潜力。但令人惊讶的是，一旦候选人有了工作经验，GPA 与其实际工作表现的相关性就变得微乎其微了。这一发现促使谷歌重新思考了评估标准，特别是对有经验的候选人的评估标准。他们开始更多地关注候选人的实际项目经验、解决问题的能力，以及在工作中的学习和成长。这不仅使招聘更加公平，也为那些学历可能不那么出众但实际能力强的候选人提供了更多机会。

这些发现促使谷歌大刀阔斧地改革了招聘流程，将面试轮次限制在4~5轮，同时降低了对学术背景的过度重视。

谷歌的数据之旅远未结束。另一个重要的发现涉及那些曾经广受欢迎的智力题和脑筋急转弯。这类问题曾是科技公司面试的标配，被认为能够用来测试候选人的快速思考能力和创造力。像"为什么下水道的盖子是圆的？"或"一个小时内有多少架飞机从芝加哥起飞？"这样的问题曾让无数求职者绞尽脑汁。

谷歌的数据分析结果却令人大跌眼镜：这些看似巧妙的问题与候选人的实际工作表现几乎没有相关性。换句话说，善于回答这些智力题的候选人并不一定能在实际工作中表现出色。这个发现促使谷歌彻底改变了面试问题的设计方向。它开始专注于设计能够评估候选人解决实际问题的能力的面试问题，例如让候选人描述他们如何处理工作中遇到的具体技术挑战，或者如何在团队中解决冲突。这种转变让整个面试过程变得更加贴近实际工作场景，提高了面试的有效性。

谷歌的数据分析还揭示了多元化的重要性。数据显示，员工背景多元的团队往往能产生更创新的解决方案。这一发现推动了谷歌在招聘中更加注重多元化，由此不仅丰富了公司的人才库，也为公司创新注入了新的活力。

精细化、个性化的招聘

在不断优化招聘流程的过程中，谷歌开发了一款名为"qDroid"的创新工具。qDroid 是一个智能化的面试问题生成系统，它能够根据特定的职位要求和候选人背景，自动生成个性化的面试问题。

qDroid 的工作原理十分巧妙。它首先分析职位描述，确定该其所需的关键技能和能力。然后，它会考虑候选人的背景信息，如工作经验、技术专长等。基于这些信息，qDroid 会从一个经过精心设计并不断优化的问题库中，选择最合适的问题进行组合。

例如，对于一个需要强大协作能力的项目经理职位，qDroid 可能会生成这样的问题："请描述一个你成功领导跨部门团队完成项目的经历，你是如何处理团队中的分歧的？"而对于一个需要创新思维的产品设计师职位，问题可能会是："你如何在现有产品中识别创新机会？请举一个具体的例子。"

qDroid 的使用大大提高了面试针对性。它确保了不同面试官在面试同一职位的候选人时，能够围绕相同的核心能力对候选人进行评估，从而减少了主观偏见的影响。同时，由于问题是根据具体的职位和候选人定制的，面试的效率和相关性也得到了提高。

谷歌的招聘革命取得了显著的成效。招聘周期从原来的超过半年大幅缩短到约 2 个月，新员工的平均绩效和创新贡献显著提升，员工队伍的多元化程度也大大提升。更重要的是，这种数据驱动的方式使整个招聘过程更具科学性和客观性，大大减少了个人偏见的影响。

这种数据文化和持续优化的思维模式，使谷歌能够在快速变化的科技行业中始终保持领先地位。它不仅帮助谷歌成功地吸引和留住了顶尖人才，还培养了一种创新性和适应性很强的企业文化。在一个人才就是一切的时代，谷歌的经验告诉我们，成功的招聘不在于固守某种特定的方式，而在于建立一个能够不断学习、调整和进化的系统。

对其他公司来说，要具备真正的竞争优势不在于模仿谷歌具体的做法，而在于培养类似的数据文化和持续优化的思维模式。只有这样，才能在瞬息万变的商业环境中始终保持对顶尖人才的吸引力，推动企业持续创新和发展。

4.5 前沿探索：利用 AI 优化招聘决策

AI 在招聘领域的应用正在悄然改变我们选拔和评估人

才的方式。这场变革不仅仅是对现有流程的优化，更是对整个招聘模式的重新思考。在这个新时代，AI 为数据驱动的招聘注入了新的活力，为企业提供了更加灵活、高效且个性化的招聘解决方案。

4.5.1　AI 赋能招聘工具生成

AI 在招聘领域的一个重要应用是赋能招聘工具的生成，这极大地提升了招聘前期准备和测评设计的效率与质量。传统上，高质量的招聘工具开发往往需要人力资源部门的大力支持和持续投入，这常常是中小企业的一大挑战。而生成式 AI 的出现彻底改变了这一局面。

岗位分析与能力需求识别

AI 系统能够通过分析大量的岗位描述、行业趋势描述和组织需求描述，快速生成全面而精准的岗位能力模型。例如，当企业需要招聘一个高级数据分析师时，AI 可以自动识别出这个岗位所需的核心能力，如数据处理能力、统计分析能力、数据可视化能力、业务洞察能力等。这种自动化的岗位分析不仅提高了效率，还确保了分析的全面性和客观性。

更重要的是，AI 能够根据企业的具体情况和战略目标，针对性地构建人才画像。它不仅能考虑技术技能和经验要求，还能将企业文化、团队动态和长期发展规划等因素纳入考量，确保招聘目标与组织整体战略保持一致。

招聘广告与职位描述优化

基于对岗位需求的深入理解，AI可以自动生成吸引力强且信息丰富的招聘广告。这些广告不仅准确描述了岗位要求，还能根据目标人才群体的特点调整语言风格和内容重点，提高招聘广告的吸引力和针对性。例如，针对创意类岗位的招聘广告可能会强调工作环境的创新氛围和自由度，针对技术类岗位的招聘广告可能更侧重于描述技术挑战性和成长机会。

结构化面试问题生成

AI在结构化面试工具开发方面展现出了卓越的能力。它能够基于岗位描述自动生成针对性问题，包括行为面试问题和情景面试问题，并可根据公司文化定制问题风格。例如，对于一个项目管理岗位，AI可以生成评估候选人冲突解决能力的问题，如"请描述一个你在项目中遇到团队成员出现严重分歧的例子，以及你是如何解决的"，这些问题既有针对性，又能保持一致的评估标准。

个性化工作样本测试设计

工作样本测试是评估候选人实际工作能力的有效方法，

但设计高质量的工作样本测试往往需要投入大量的专业知识和时间。AI可以快速模拟真实工作场景设计任务，根据岗位级别调整难度，并自动生成评分标准。例如，对于一个市场营销专员的岗位，AI可以设计一个包括市场分析、目标客户定位和营销策略制定的综合案例，要求候选人在限定时间内完成一个小型营销计划。

知识评估测验开发

AI能够覆盖岗位所需的专业知识领域，自动生成包含多种题型（选择题、简答题、案例分析题等）的测验，并能自动更新题库以保持时效性。这对于需要特定专业知识的岗位的招聘尤其有价值。例如，对于一个财务分析师的岗位，AI可以生成涵盖会计原则、财务报表分析、投资评估等多个领域的专业知识测试。

软技能评估工具设计

除了专业技能外，软技能在现代职场中的重要性日益凸显。AI可以生成性格测试题目、情商测试题目，设计团队协作能力评估工具、领导力潜力评估工具。这些工具能够帮助企业全面评估候选人的综合素质，而不仅仅是技术能力。

这种AI驱动的招聘工具生成对中小企业来说尤其有价值。它不仅大大降低了开发高质量评估工具的成本和时间投入，还提供了可以与大公司相媲美的专业化招聘流程。

4.5.2　AI 赋能评估和筛选

在招聘的评估和决策阶段，AI 技术同样发挥着重要作用，可以帮助企业更高效、更客观地筛选和评估候选人。与传统的人工评估相比，AI 辅助评估不仅可以处理更大规模的数据，还能发现人类可能忽略的细微模式和关联。

语义简历筛选

AI 在简历筛选环节展现出了显著的优势。与传统的关键词匹配系统不同，大语言模型能够理解简历的上下文和语义，考虑行业特定术语和技能的等价性，而非简单地进行关键词匹配，从而有效识别候选人的潜在能力和发展潜力。

例如，它可以分析候选人的职业轨迹，识别出那些虽然没有直接相关经验，但具有潜力快速适应新角色的人才。这种深度理解使得简历的初步筛选环节更加全面和公平。

评估开放式测试答案

在评估候选人的开放式测试答案时，AI 展现出了强大的分析能力。它可以分析答案的逻辑性、创新性和完整性，评估候选人的表达能力和思维深度，甚至检测潜在的剽窃或 AI 生成内容。这种深度分析使得评估更加客观和全面。

例如，当评估一个战略咨询岗位的候选人时，AI 可以分析其案例分析题答案的结构性、思考的深度、解决方案的可行性和创新性等，提供一个全面的评估报告。这不仅确保了不同候选人之间评估标准的一致性，还提高了评估质量。

工作样本分析

对于需要提交工作样本的岗位，AI可以进行深入的质量评估。它能够评估产品规划、代码样本、设计作品等，分析方案的可行性和创新性，比较不同候选人的作品质量。这种客观的分析为招聘决策提供了有力支持。

例如，对于一个软件开发岗位，AI可以分析候选人提交的代码样本，评估其代码质量、架构设计和安全性等。对于一个产品经理岗位，AI可以分析候选人的产品规划书，评估其市场分析的深度、对用户需求理解的准确度、产品定位的准确度以及计划的可行性。

实时面试分析和指导

在面试过程中，AI可以提供实时分析和指导服务。它能够分析候选人的口头语言、面部表情和肢体语言，为面试官提供实时问题建议，生成面试总结报告。这种实时支持使得面试过程更加高效和有针对性。

例如，在一个视频面试中，AI系统可以实时分析候选人的回答内容和非语言线索，提示面试官深入探讨某些关键点或澄清模糊之处。面试结束后，AI可以生成一份详细的面试纪要，内容包括候选人的主要观点、表现亮点和潜在问题，帮助面试官更好地回顾和比较不同候选人。

预测性分析

AI 的一个重要优势是能够基于历史数据进行预测性分析。它可以基于历史数据预测候选人的未来工作表现，评估候选人与团队的匹配度，分析其长期留任可能性。这种前瞻性分析为招聘决策提供了更加全面的参考。

例如，通过分析过去成功员工的特征和表现模式，AI 可以评估当前候选人的潜在表现和发展轨迹。AI 还可以分析候选人的价值观、工作风格与公司文化的匹配度，预测其在组织中的适应性和长期发展潜力。这种预测性分析不仅关注候选人当前的能力，还考虑了其未来的发展潜力和长期贡献的可能性。

AI 的出现彻底改变了招聘的规模和效率。过去，大规模筛选和评估候选人是一项耗时且成本高昂的任务，通常需要借助大量的人力资源来完成。然而，生成式 AI 的应用使得企业能够轻松实现 100∶1 甚至更高比例的筛选，并且不会显著增加成本。此外，AI 还可以为每个候选人生成个性化的评估报告。这不仅大大提高了招聘的效率，还使得企业能够吸引更多的候选人，从而增加了找到最佳人才的机会。

尽管 AI 在招聘中展现出了巨大的潜力，但我们也需要认识到人机协同的重要性。AI 不应被视为专业招聘人员的替代品，而应是其强大的辅助工具。最理想的招聘模式是将 AI 的高效率、一致性和数据处理能力与人类的直觉判断、情感智能和文化理解相结合，形成互补的人机协同系统。通过这种协同，企业可以在竞争激烈的人才市场中脱颖而出，从而吸引和留住最优秀的人才，为组织的持续成功奠定坚实的基础。

4.6 小结

本章深入探讨了用数据驱动的方式选人的重要性和方法，从多个角度阐述了如何在人才招聘中实现真正的数据驱动决策。我们详细分析了传统的结构化面试方式的局限性，以及用数据驱动的方式选人的核心逻辑和实践方法，并通过谷歌等科技巨头的案例展示了这些方法在招聘实践中的具体应用。

- 招聘的本质是预测候选人的未来工作表现。我们探讨了如何通过提升评估工具的效度和提高录取标准来提升招聘准确率，强调了数据分析在优化招聘流程中的关键作用。

- 工作经验作为传统招聘中的重要指标，其效度实际上较低。研究表明，结构化面试和工作样本测试等方法具有更高的效度，应该在招聘过程中得到更多的重视。
- 结构化面试作为一种高效度的评估工具，不仅能确保评估的一致性，还可以灵活地融合工作样本测试和工作知识测试，进行全面的人才评估。
- 谷歌的招聘革命案例展示了如何通过持续的数据收集和分析来优化招聘流程。从缩短招聘周期到提高员工的多元化程度，谷歌的经验证明了数据驱动的方式在提升招聘质量和效率方面的重要性。
- AI，特别是生成式 AI，正在为数据驱动招聘注入新的活力。AI 不仅能够快速生成个性化的评估工具，还能在简历筛选、面试准备等多个环节提供智能支持，为企业，尤其是中小企业，提供更加灵活、高效且个性化的招聘解决方案。
- 用数据驱动的方式选人不仅是一种方法，更是一种文化。它要求企业建立持续学习和优化的系统，不断挑战传统观念，用科学的方法来选拔和评估人才，从而在竞争激烈的人才市场中保持优势。

第 5 章

用数据驱动的方式评估人

5.1　数字管理的诱惑与陷阱

在某些互联网公司内部,流传着一个"奋斗者指数"的说法,也被戏称为"加班指数"。这些公司通过员工每天的工作时长、深夜离线时间、周末是否在线等一系列指标,来衡量一个员工是否足够"拼命",从而推断这名员工对公司的价值。有的企业甚至要求员工远程办公时必须打开摄像头,以便人力资源部门实时监控——似乎坐在电脑前的时间越长,就越具有敬业精神。

然而,这样真的能准确评估一个人的贡献吗?当企业规模不断扩大,管理者往往会在复杂的组织结构里产生失控感:有人整天加班,却难以产出有价值的成果;有人朝九晚五,却能在关键时刻交出一份令人惊艳的方案。那么,加班指数到底能否说明问题?企业又该如何真正看见员工的真实价值?

在这个竞争激烈、瞬息万变的时代,管理者都面临一个共同的困扰:如果看不清谁真正为公司创造了价值,就难以做出精准的人事决策，也难以保障公司的持续增长。于是，很多人开始寄希望于"用数据说话"，依赖各种看似客观中立的数字（如加班时长、KPI 完成率，甚至鼠标点击次数）来评估员工。表面上，这些数字能给管理者带来安全感并具有一定的客观性，但这些数据真的能告诉我们想要知道的一切吗？

思考提示：

- 如果你的团队规模从 10 人扩展到 1000 人，你如何知道谁才是真正的核心人才？
- 借助客观数据就真的足以做出明智的决策吗？

5.2 客观数据能否反映员工贡献

数字固然有它的魅力。用数字进行管理相比"拍脑袋决策"似乎更具合理性，也可以降低很多沟通成本。但深挖这些数字的背后，你会发现它们并非想象中那般客观，甚至可能隐藏着各种"噪声"与误区。

5.2.1 过度简化的陷阱

不少企业只通过销售额或点击率来评定员工表现。结果往往是，员工为了刷数据而忽略了真正重要的客户满意度或产品品质。类似地，若只关注加班时长，员工就可能开始"假加班"：把下班后的时间耗在工位上，却并未产生实质的工作成果。这种过度简化的管理方式既无法提升企业竞争力，也容易使组织内形成表面勤奋的风气。

5.2.2　环境与运气的影响：为什么不能只看结果

管理学有一个基本原则：只有员工能够控制的结果，才适合作为考核指标。这就像你不能用"中彩票"作为销售团队的 KPI 一样，因为这完全是运气使然，与员工的努力无关。

让我们看一个来自金融行业的典型案例。默斯坦教授对 283 只股票基金进行了长期的跟踪研究，他发现那些在 1990～1994 年间表现出色的明星基金在随后的 5 年里却出现了戏剧性的排名下滑。图 5-1 显示了 1990～1994 年排名前 10 的基金在 1995～1999 年排名的变化：有的从第一名跌至百名开外，有的从前三名落到两百名以后。这种现象启示我们：即便是在最专业的投资领域，业绩表现也会受到市场环境、经济周期等诸多不可控因素的影响。

基金	1990～1994 年排名	1995～1999 年排名	排名变动
基金 A	1	129	128 ↓
基金 B	2	134	132 ↓
基金 C	3	261	258 ↓
基金 D	4	21	17 ↓
基金 E	5	210	205 ↓
基金 F	6	53	47 ↓
基金 G	7	183	176 ↓
基金 H	8	105	97 ↓
基金 I	9	275	266 ↓
基金 J	10	54	44 ↓

图 5-1　明星基金的排名变化（1990～1999 年）

资料来源：MURSTEIN B I. Regression to the mean: one of the most neglected but important concepts in the stock market [J]. The Journal of Behavioral Finance, 2003, 4(4): 234-237.

这种现象在企业管理中比比皆是。想象一个销售团队：

- A 组负责开发了多年的成熟市场，自然较容易完成业绩目标。
- B 组被派往全新的竞争市场，即使付出更多努力，短期内业绩也难以获得突破。
- C 组赶上了行业爆发期，轻松就能达到目标。

如果我们仅仅看销售额这样的结果数据，很容易得出 A

组比 B 组优秀或 C 组最出色的错误结论。这种评估方式忽视了市场环境、竞争态势、行业周期等关键因素，不仅可能打击员工的积极性，还会导致管理决策失准。

如果我们用这种不可控的结果来评价员工，就会产生两个严重问题：首先，这对员工来说不公平，因为他们即使付出了百分百的努力，也可能因为外部环境变化而功亏一篑；其次，这种评价方式会削弱激励效果，因为员工会觉得"反正结果不是自己能决定的，何必那么努力"。这就是为什么我们需要更多地关注员工能够控制的行为和过程指标，而不是完全被外部因素主导的结果指标。

5.2.3　从结果到行为的转向

这个案例给我们的启示是：过分依赖历史业绩来评估人才是远远不够的。那么，如何才能更科学地评估员工的真实贡献？答案在于从关注结果转向关注行为与过程，这样做有三个优势。

第一个优势是可控性。结果往往受到市场环境、竞争对手、宏观经济等外部因素的影响，而行为和过程往往是员工能够直接掌控的。你无法通过任何激励机制来提高员工买彩票中奖的概率，但你可以通过引导员工采取正确的工作方法来提升团队效能。比如，你可以培养销售人员更专业的需求挖掘能力，使其即使在市场低迷时期，也能保持相对稳定的业绩。

第二个优势是预警作用。如果我们只关注季度销售额这样的结果指标，往往为时已晚——等到发现业绩下滑时，问题可能已经积累了很久。而通过观察员工的日常行为表现，如客户沟通频次、方案更新速度、团队协作情况等，管理者能够及早发现潜在问题并及时干预。就像我们不能等到病情严重才开始治疗，而是要通过定期体检来预防疾病一样。

第三个优势是发展导向。这一点在创新型岗位上尤为重要。想象一个正在研发新产品的团队，如果仅仅看短期的专利申请数量或者团队其他的阶段性成果，很容易打击大家的创新积极性。相反，如果我们关注团队成员的学习能力、解决问题的方法、持续改进的意识等行为指标，就能更好地评估他们的潜力和发展空间。这些行为指标往往能更准确地预测一个人或一个团队在未来的表现。

比如，在软件开发团队中，员工在代码质量、文档完整性、团队协作等方面的日常表现，比项目最终是否按期交付更能反映开发人员的真实水平。因为项目延期可能源于需求变更、技术障碍等多种外部因素，而这些方面的日常表现则直接反映了开发人员的专业素养和工作态度。

这种关注行为和过程的评估方式,确实能帮助企业更早地发现和培养人才,也能在问题发生前及时预警和干预。

然而,在实践中,很多管理者会有这样的困惑:行为评估是否过于主观?如何确保评估的科学性和可操作性?毕竟,相比简单的销售数字,观察和评价一个人的沟通能力、问题解决方法似乎更像是在"拍脑袋"。

这些困惑其实反映了一个更深层的问题:我们需要一套评估体系,来确保行为评估既客观又有效。那么,如何才能建立这样一套科学的评估体系?如何让看似"主观"的行为评估变得更加可靠和可信?这正是我们接下来要探讨的重点。

5.3 从理论到实践:评估体系的理论基础及其应用

5.3.1 海底捞的启示:为什么要关注行为而不是营业数据

深夜11点,北京某海底捞门店依然热闹非凡。一位顾客不小心把汤汁溅到了衣服上,服务员小李立刻送上围裙和湿巾,并贴心询问是否需要帮助处理污渍。这样的细节在海底捞并不少见,体现了员工敏锐的观察力和主动服务的意识。

在很多餐饮企业中,管理者倾向于关注日营业额、翻台率、人均消费等硬性数据,但海底捞选择了一条与众不同的路。它的考核体系更加注重"顾客满意度"和"员工努力程度"这两个看似难以量化的指标。这种独特的管理思路体现了海底捞对服务本质的深刻理解。

海底捞的管理理念强调,优质的服务是餐饮业竞争力的根本。虽然顾客满意度这样的柔性指标不像营业数据那样一目了然,但它往往能更真实地反映企业的服务品质和长期发展潜力。事实证明,当企业真正把重心放在提升服务体验上时,良好的经营业绩往往会随之而来。

但这也带来了一个关键问题:如何科学地评估这些行为指标?相较营业额等硬指标,"服务态度"或"主动性"更难标准化和量化。为了应对这一挑战,海底捞构建了一套多维度的评估体系。这种方法是否可靠?接下来,我们将在理论框架中探讨这一问题。

5.3.2 真实绩效和实际测量绩效

在一个理想的世界里，组织对员工的表现总是抱有明确的期待，我们称之为"真实绩效"。这是企业希望员工达到的目标，是组织认为能够为顾客或业务创造的最大价值的行为集合。比如，一个五星级酒店可能希望前台员工在接待顾客时始终展现优雅的姿态、真诚的微笑，以及在顾客提出需求前就能主动提供贴心的服务；在教育行业，学校希望教师不仅能完成教学任务，还能通过观察学生的情绪状态及时调整教学方法，真正激发学生的兴趣和潜能。

然而，真实绩效常常是抽象的，它需要被转化为可以操作和评估的标准，以便应用于日常管理。这些标准就是"实际测量绩效"，它是企业在考核体系中用来评估员工表现的具体工具。比如，酒店可能要求前台员工在30秒内完成入住办理流程，或者将顾客满意度问卷的评分作为关键绩效指标；学校可能规定教师的教学评分达到一定分数，或者要求教师在课堂管理中必须遵循某些行为规范。

这两者之间的关系就像理想与现实的距离。真实绩效是企业对完美世界的想象，而实际测量绩效是企业在现实中必须遵循的操作性标准。它们的差异可以用一个比喻来解释：真实绩效是复杂而生动的森林，包含各种不同的生态系统，而实际测量绩效则是从森林中提取出来的某些部分，它们可以用来观察和衡量，但无法完整呈现森林的全貌。

5.3.3 有效、缺失与污染：真实绩效和实际测量绩效之间的三种典型关系

如图 5-2 所示，当我们将真实绩效和实际测量绩效放在一起比较，会发现三种典型的关系——**有效**、**缺失**和**污染**，这三种关系体现了实际测量绩效与真实绩效不同的契合程度。

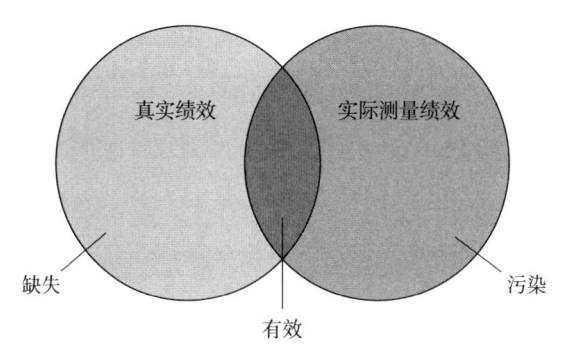

图 5-2　真实绩效和实际测量绩效之间的三种典型关系

有效：真实绩效和实际测量绩效的交集

有效的部分是实际测量绩效与真实绩效相吻合的区域，代表那些既能量化又能真实反映员工表现的关键指标。比

如，物流行业规定快递员需在 24 小时内完成包裹的配送，这一指标与客户的期望一致，反映了服务的效率，是对真实绩效的精准捕捉。同样，在医疗行业，护士在注射前须严格检查患者信息的流程要求也是一项有效指标，它能通过标准化的方式确保患者安全，同时提升服务质量。

缺失：真实绩效中未被测量的部分

然而，不是所有关键的行为表现都能被转化为测量标准，那些未被考核的内容就构成了缺失的部分。比如，在教育领域，教师的情感投入和对学生潜力的挖掘是教学效果的重要组成部分，但这些往往难以量化，因此很少出现在考核指标中。同样，在技术开发行业，程序员的创造力和团队协作能力可能是项目成功的核心，但传统考核更多聚焦于代码行数或任务完成的时间，忽视了这些无法直接量化的贡献。

污染：不该测量却被测量的部分

污染的部分指的是那些被纳入考核指标，但实际上可能误导员工行为的内容。在零售行业，企业可能要求销售人员每天至少接待 50 位顾客，然而，为了完成这一目标，销售人员可能会快速结束与每位顾客的互动，甚至对不可能做出购买行为的顾客敷衍了事，导致顾客体验不佳。同样，在制造业中，过于强调生产速度可能会促使工人忽略质量，导致最终产品的缺陷率上升。

真实绩效与实际测量绩效之间的差异既是组织设计考核体系的挑战，也是提升绩效管理效果的关键。有效的部分是考核体系的核心，应被保留并强化；缺失的部分提醒我们，关键的软性维度需要通过创新手段加以重视，例如通过观察、问卷或情境模拟捕捉行为特征；而污染的部分则需要及时识别和优化，避免对员工行为产生不良导向。

这些差异的存在提醒我们，任何考核体系都无法完全覆盖真实绩效的复杂性，但可以通过设计优化来更接近理想状态。在接下来的分析中，我们将结合具体案例，探讨企业如何通过科学的考核体系，缩小真实绩效与实际测量绩效之间的差距。

5.3.4　用真实绩效与实际测量绩效分析海底捞员工的行为

在前面的讨论中，我们了解了真实绩效与实际测量绩效以及可能出现的有效、缺失和污染现象。当我们将之应用于实际案例时会发现，像海底捞这样的企业，通过精细的服务设计和科学的考核体系，已经在很大程度上解决了这两者之间的矛盾。接下来，我们将以海底捞为例，深入分析其员工的具体行为，探讨这些行为如何与考核指标挂钩，并最终形成卓越的服务体验。

表 5-1 是海底捞员工一些典型的服务行为，这些行为顾客在就餐过程会经常见到，也是企业考核员工的重要依据。

表 5-1　海底捞员工典型的服务行为

编号	服务行为
1	在顾客入座时主动提供围裙、发圈、手机防水套
2	在顾客的杯子不满时主动加满饮料或水
3	为有儿童的家庭提供儿童座椅、儿童餐具
4	为顾客讲解每道菜品的最佳烹饪方法
5	在火锅涮菜快熟时主动提醒顾客
6	为独自用餐的顾客提供免费"陪聊"玩偶
7	当顾客点的菜上齐时，主动提醒
8	在顾客用餐过程中，关注锅底是否需要加水
9	提供免费的生日祝福服务，如赠送蛋糕和唱生日歌
10	在顾客用餐结束后，主动帮助顾客拿取衣物
11	每隔一段时间主动询问顾客是否需要其他服务
12	如果顾客不小心打翻汤汁，迅速提供帮助
13	在顾客用餐结束时，主动询问顾客反馈
14	为行动不便的顾客调整座位或主动提供帮助

（1）对提升客户体验非常有效的服务行为

在上述行为中，有一些特别打动顾客的细节，无论在实用性上还是情感上都能明显提升用餐体验。例如：

- **在顾客入座时主动提供围裙、发圈、手机防水套** 这一行为充分考虑到了火锅用餐场景的特殊性。火锅汤汁容易飞溅，但顾客往往不好意思主动索要防护用品，当服务员主动提供时，顾客会感到非常贴心和周到，这无疑提升了用餐舒适度。
- **为有儿童的家庭提供儿童座椅、儿童餐具** 带小孩外出就餐的家庭通常需要额外的照顾，这一行为满足了这类顾客的实际需求，赢得了他们的好感。
- **在火锅涮菜快熟时主动提醒顾客** 火锅食材的最佳烹饪时间非常短，顾客可能会因为聊天或分心而错过品尝的最佳时机。员工的主动提醒保证了食物的口感，也体现了对顾客需求的关注。
- **提供免费的生日祝福服务，如赠送蛋糕和唱生日歌** 这一行为虽然成本较低，但提供的情绪价值极高。顾客感受到的是一种被关心、被重视的特殊体验，有助于提高他们的品牌忠诚度。

这些行为之所以有效，是因为它们能直接提升顾客体验，与真实绩效高度重合。这也是海底捞考核体系设计科学性的重要体现。

(2) 对提升客户体验没那么有效的行为

虽然海底捞的服务得到了广泛认可,但也有一些行为因其普适性不足而对顾客体验影响有限。例如:

- **为独自用餐的顾客提供免费"陪聊"玩偶** 这一行为初衷是好的,旨在缓解顾客独自用餐时的孤单感。不过一些顾客可能并不喜欢这一服务,甚至认为跟玩偶一起用餐有些奇怪。对更注重隐私或喜欢安静的人来说,这种服务可能有些"用力过猛"。
- **在顾客的杯子不满时主动加满饮料或水** 尽管频繁检查饮料是否需要续杯体现了员工的积极服务意识,但对一些顾客来说,这种频繁的打扰可能会影响用餐体验。

这些行为本身并非没有价值,但未必对所有顾客都有积极作用。这提醒我们,即使是顶尖的服务体系,也可能存在效果不佳的行为。

(3) 很重要但未被展现的行为

在分析海底捞的服务体系时,我尝试从不同角度思考是否有顾客认为很重要却未被展现的行为。然而,经过对多位顾客的调查，我发现了一个有趣的现象：大多数顾客似乎很难具体指出海底捞的服务中有什么明显缺失。这种反馈本身就说明了海底捞服务设计的全面性——它几乎覆盖了顾客的所有核心需求，从实用性到情感体验都考虑得非常周到。

（4）为什么海底捞能成为服务标杆

通过对海底捞服务体系的分析可以发现，其成功的关键在于真实绩效和实际测量绩效之间的高度吻合。员工的绝大多数行为能够直接改善顾客体验，这表明其评估体系精准地捕捉到了顾客需求——这正是有效评估体系的核心。

首先，海底捞的服务设计展示了有效指标的力量。例如，对于"主动提供围裙、发圈、手机防水套"以及"在火锅涮菜快熟时主动提醒顾客"这些有效地覆盖了真实绩效中的重要维度的行为，海底捞制定了明确的标准让员工易于遵循和执行。这确保了服务的标准化，同时直接地改善了顾客体验。

其次，尽管海底捞服务体系中偶尔存在一些效果不佳的行为，但这些行为的负面影响极为有限，甚至成了品牌的趣味性标签。这表明，即便实际测量绩效存在少量"污染"，只要主干框架足够稳健，也不会显著影响整体的服务质量。

5.3.5 模仿海底捞：行为一致，结果为何不同

某餐饮公司为了提升服务质量，派遣员工"卧底"学习海底捞的服务体系，制定了一套几乎一模一样的行为标准。与海底捞不同的是，这家公司在模仿的同时调整了考核重点，加入了"翻台率"这一指标，却忽略了一些微妙但重要的细节，比如"真诚的微笑"。这使得看似完整的模仿产生了截然不同的效果。

比如在顾客入座时，该餐饮公司的服务员会递上围裙并叮嘱顾客小心汤汁，但表情冷漠且语气平淡，整个动作显得很机械。顾客虽然接受了服务，却未感受到应有的温暖和体贴。这种服务在"行为层面"无可挑剔，但在"体验层面"却显得生硬甚至刻板。

微笑并不只是一个简单的表情，而是让服务行为富有温度的关键。当顾客面对带着微笑的服务员时，会感受到尊重和友善，这种心理效应直接提升了用餐的舒适感。而缺少微笑的服务，尽管动作标准到位，却更像是完成任务，无法建立情感联结。

从指标设计的角度来看，这种现象说明，缺失的细节虽然难以量化，但却是影响体验的重要部分。这些"未被测量"的细节，正是衡量真实绩效时需要关注的"缺失"部分。

更大的问题出现在引入"翻台率"作为考核指标后。这家公司对服务员施加了额外的效率压力，导致一些服务行为偏离了提升顾客体验的初衷。

比如，在一个聚会场景中，顾客们正愉快地交流，但服务员为了提高翻台率，开始频繁靠近桌旁并清理空碟，甚至礼貌地询问"请问还需要其他帮助吗？"或者"今天的用餐可以结束了吗？"，这些话语看似客气，但顾客能清晰地感受到背后的暗示——希望他们尽快离席。

甚至在顾客用餐时间较长时，服务员可能会站在一旁整理桌面，或者以关注锅底为借口停留在顾客身边。这些行为虽未明确表达催促，但其隐含的信息却让顾客感到不适，破坏了用餐的轻松氛围。

翻台率指标的引入从设计上过于注重效率，忽视了顾客体验。对效率的追求虽能在短期内提升营业额，但这种"污染"的指标导向让员工的行为脱离了服务的本质。

通过这一案例可以看出，服务质量的提升并非靠行为的机械复制，而是依赖于指标设计的精准与平衡。有效的行为指标能直接改善顾客体验，缺失的软性维度（如微笑）虽难以量化，却对服务成效至关重要。同时，污染指标（如翻台率）的不当引入可能使员工行为变形，损害真实绩效。企业若要真正借鉴海底捞的成功经验，不应止步于行为的模仿，而应深刻理解考核设计背后的逻辑，确保有效指标的覆盖，控制污染因素，并弥补缺失维度，从而实现服务与体验的全面优化。

5.4　用数据驱动的方式设计有效的评价指标

当一个评估体系中同时夹杂了与目标无关的因素（污染），又遗漏了关键行为（缺失），最终能够真正测量到的"有效"部分就会大大缩水。那么，有没有一种更稳妥、更全面的方法能把我们所期待的员工贡献，转化成具体可行的考核指标呢？

答案或许可以用一个简单的思路来概括：先搞清楚自己究竟想要测量什么，再确定如何通过数据去捕捉与之最密切相关的可控行为。为了让这个思路更具可操作性，不妨用之前提到的 $X—Y$ 框架来理解：Y 代表企业最终希望看到的结果或贡献，X 则是导致这一结果的可观察、可记录、可量化的行为。通过建立起明确的 $X—Y$ 对应关系，我们就能在实践中逐步减少主观臆断，让评估体系的设计更切合企业的真实需求。

5.4.1　用 X—Y 框架描绘企业的"理想贡献"

可以说 Y 是企业的"理想贡献",具体而言,它可能是各类企业所追求的核心目标,比如客户满意度、创新产出、团队协作效率等。每个企业都有自己的发展重点和阶段性的方向,比如,一家服务型企业或许最看重顾客体验,一家初创型科技企业则可能更关注创新项目的落地率。把核心目标明确下来,就相当于给企业的评估体系设定了"北极星",可以帮助管理者始终朝着同一个方向迈进。

不过,Y 本身往往是一个比较宽泛甚至抽象的概念。企业真正能干预和衡量的其实更多在 X 上,也就是在那些可观察、可记录、可量化的行为上。对一家重视客户满意度的服务型企业来说,X 可能是"客服首次响应时间""顾客反馈收集率"或"员工微笑与问候的频次";对一家想要提升创新力的组织来说,X 可能是"新想法的提交数量""跨部门头脑风暴会议的召开次数"乃至"尝试并迭代原型的周期长度"。当这些 X 被整理成数据或报告时,管理者就能提前看到可能出现的问题和进展情况,从而及时介入与优化。

这种 X—Y 框架,有助于我们避免只在事后用"结果数字"来判断一切。毕竟,等到项目结案再去追究,往往为时已晚;如果能提前了解到那些真正影响最终成果的行为,评估体系不仅会变得更科学，也能更有效地帮助员工不断进步。

5.4.2　谷歌"氧气计划"：X—Y框架在管理者评价中的应用

要更直观地理解这种数据驱动的评估方式，我们不妨看看谷歌的"氧气计划"是如何把理论转化为实践的。在建立初期，谷歌内部有一股风潮，认为既然公司里大多是顶级工程师，或许并不需要太多"管理者"，采用扁平化结构能使公司运行得更快更轻松。然而，经过一系列数据调查后，谷歌发现事实并非如此。一位优秀的管理者对于团队士气、员工保留率以及实际产出，都具有重要影响。也正是这一发现，引出了"氧气计划"的核心研究：让数据来说明，究竟哪些管理行为会带来最好的团队表现。通过一系列的数据研究，谷歌证明了"管理者确实重要"，并找到了优秀的管理行为（X）与团队真实绩效（Y）之间清晰的因果关系。

（1）从 Y 到 X：优秀团队与优秀管理者的定义

在"氧气计划"中，谷歌首先明确了评价的核心标准，也就是"优秀团队"和"优秀管理者"的表现，这也是 Y 的具体指标。谷歌认为，"优秀团队"和"优秀管理者"应当同时在以下两个核心指标上表现良好。

团队绩效　团队能够持续达成高质量的目标。这不仅包括完成预定任务，还涵盖了整体效率、协作质量，以及在多变的环境中保持稳定产出的能力。

团队成员的体验　成员在工作中感到被支持和满足。这里强调的是个体在团队中的心理感受，包括是否得到了清晰的指导、是否被公平对待以及工作环境是否让他们感到被尊重和认可。

通过这两个指标，谷歌将"优秀"的定义扩展到了绩效和体验的双重维度，突破了传统评价中过度关注短期结果的局限性。这种定义不仅关注团队在短期目标上的达成，还兼顾团队成员的长期发展和幸福感。

明确了 Y 之后，谷歌接下来的重点是找到与之紧密相关的行为，也就是 X。这些具体的行为，是管理者可以直接操作和优化的环节，它们体现在日常工作中，并直接影响团队绩效和团队成员的体验。通过数据分析，谷歌希望识别出那些能够真正驱动优秀团队表现的管理行为，为评估体系的构建和管理行为的改进提供明确的指导方向。

（2）用数据找出关键行为

在明确了"优秀团队"和"优秀管理者"的表现（Y）后，谷歌的研究团队着手寻找那些有利于团队绩效和团队成员体验的具体行为（X）。谷歌通过一系列系统化的数据收集和分析，试图将抽象的目标分解为可操作的行为，并最终提炼出优秀管理者的关键特征。

为了全面捕捉与团队绩效相关的管理行为，谷歌从多个维度进行了数据采集。

- **员工反馈** 从年度员工问卷、Googlegeist（全员年度幸福度调查）和离职访谈中，获取大量关于管理者行为对团队影响的第一手信息。
- **绩效数据** 通过分析高绩效团队与低绩效团队的差异，探索管理行为如何影响任务达成与团队效率。
- **双盲访谈** 与高评分和低评分的管理者分别进行匿名访谈，深挖他们的管理策略，如设定目标、处理冲突或帮助团队成长的策略。
- **定性分析** 从绩效评估和"优秀经理奖"提名的评论中提取细节，解码员工认可的优秀的管理行为。

这些数据涵盖了定量和定性信息，既提供了行为模式的概览，也挖掘出了具体的实践细节。

（3）分析与验证：找到行为与结果的因果关系

谷歌的研究团队通过多轮回溯分析和模型建构，逐步验证了哪些行为能够显著影响团队的绩效和体验。谷歌的方法包括：

- **对比高低绩效的团队**　分析高绩效团队的管理者更倾向于采取哪些行为，例如倾听团队意见，清晰地设定目标，而不是单纯地关注任务的完成。
- **去除无关因素（污染）**　剔除那些易于量化但无实际意义的指标，例如加班时长，这些指标不仅与团队绩效关系不大，还可能误导员工的行为。
- **识别被忽略的关键行为（缺失）**　确保"与员工定期沟通"或"为员工提供职业建议"等关键行为不被遗漏，这些行为对团队满意度和稳定性至关重要。
- **持续验证**　通过对管理行为和团队绩效之间的长期追踪，确保所选行为指标具有稳定性和可重复性。

这些分析让谷歌逐步聚焦于那些对结果最有影响的行为，排除干扰因素，从而更精准地捕捉优秀管理者的特质。

（4）提炼八项关键行为：优秀管理者的行为标准

通过深入的数据挖掘和验证，谷歌最终总结出了优秀管理者的八项关键行为，这些行为清晰地展现了管理者如何通过行动推动团队表现。

- **做一个好的教练** 提供个性化反馈,支持员工技能提升和职业发展。
- **赋能团队,避免微观管理** 给予团队信任和自主权,同时提供适时的指导。
- **关注团队成员的成功和福祉** 理解并关心员工的需求与挑战。
- **高效且注重结果** 帮助团队保持专注,确保任务按时高质量完成。
- **善于沟通** 倾听并分享信息,创建开放的交流环境。
- **提供职业发展支持** 与员工讨论职业目标,提供成长机会。
- **制定清晰的愿景和战略** 为团队设定明确的方向,并将目标分解为可执行的计划。
- **具备技术能力** 能够在专业领域为团队提供支持和指导。

这些行为直观地定义了优秀管理者的日常实践,为管理者们提供了清晰的改进方向。

谷歌的研究清楚地表明,这些关键行为直接影响了团队绩效和团队成员的体验。例如:

- 善于沟通的管理者,其团队的满意度更高。
- 制定清晰的愿景和战略的管理者,其团队完成任务的效率和质量也显著提升。
- 提供职业发展支持的管理者能够降低员工的流失率，增强团队的稳定性。

通过这套 X—Y 框架，谷歌将抽象的目标具体化为日常的行为。最终，这一过程不仅帮助谷歌创建了明确的管理标准，还推动了组织整体绩效的持续提升。

（5）行动化与反馈机制：从理论到实践的闭环

在总结出八项关键行为后，谷歌进一步将这些特征转化为具体、可操作的行动指南，帮助管理者们在日常工作中轻松执行。这些指南覆盖了管理的核心环节，包括设定明确目标、定期沟通和支持员工成长。管理者们通过清晰的任务分解和优先级设定，让团队能够始终朝着正确的方向努力；通过每月与团队成员进行一对一交流，在解决短期问题的同时制订长期成长计划；通过协助员工设计职业发展路径，关注他们的未来潜力，而不仅限于当前任务。这些具体的行为将理论从抽象变得实用，使管理者能够以更直观的方式将好管理付诸实践。

为了确保这些行为能够不断优化，谷歌建立了一套科学的持续反馈机制，将评价与改进紧密结合。每位管理者每年接受两次正式评估，通过员工匿名问卷收集关于关键行为的详细反馈。问卷不仅关注单次结果，还包含横向和纵向的对比数据。横向对比让管理者了解自己在公司内部的表现的相对位置，例如在"善于沟通"或"提供职业发展支持"等关键行为上的得分和排名。纵向对比则跟踪同一位管理者在不同时期的进步情况，帮助其明确调整哪些管理行为可以使团队绩效或团队成员体验得到显著改善。

反馈报告的呈现方式经过精心设计，以帮助管理者清晰地了解自己的优势和需要改进的领域。这些报告包含了员工对具体行为的评分以及建议。例如，如果某位管理者在"制定清晰的愿景和战略"方面的评分较低，报告可能会建议他在团队会议中更加清晰地阐释任务优先级，让团队成员更明确整体目标。如果在"提供职业发展支持"方面的表现存在不足，报告会引导管理者与团队成员开展更多关于职业发展的对话，提供定制化的成长建议。这些具体的指导让管理者能够迅速在日常工作中做出调整。

更重要的是，这套机制形成了一个数据驱动的持续改进闭环。每位管理者在收到反馈后，可以立即将建议付诸实践，例如加强沟通、明确目标或更注重团队成员的需求。在下一次评估中，新的数据将验证这些调整的有效性。如果某位管理者因在"善于沟通"方面得分较低而调整了沟通方式，例如在团队会议中主动邀请更多成员发表意见，那么后续的反馈将显示这一变化对团队满意度的影响。同样，如果管理者在"提供职业发展支持"上的表现有所不足，获得反馈后其采取了帮助员工争取跨部门机会等行动，下一阶段的数据会直接反映这些改进的成果。

通过这一闭环机制，谷歌实现了评价的动态化和行动化，让管理者能够在清晰的行为指南下不断优化自我表现。评估体系从传统的打分工具转变为支持性工具，不仅推动了管理者个人的成长，也显著提升了团队的整体绩效。这一实践表明，当评估体系能够明确行为与结果的联系，并通过持续反馈进行强化改进时，组织将更具适应性和竞争力。谷歌通过这种科学的闭环设计，不仅验证了理论的可操作性，也为现代企业的管理优化提供了重要的借鉴。

许多企业都有类似的管理者评估体系，但谷歌的"氧气计划"之所以尤为成功，不仅仅因为它明确了关键行为，提供了反馈机制，更关键在于它确定这些行为指标的过程。谷歌通过数据驱动的方式，系统性地提炼出真正有效的行为，而不是依赖主观判断或传统经验。这种科学性和精准性让评估体系具备了强大的适应性和稳定性。

"氧气计划"的一大亮点在于，谷歌的行为指标并非一成不变，而是随着企业的发展不断进化。最初总结出的八项关键行为，经过实际应用和数据验证，逐渐扩展为十项。其中一项新增的关键行为便是对跨部门协作的关注，这反映了随着谷歌规模的扩大和复杂性的增加，内部协作对团队绩效和成员体验的重要性愈加凸显。通过这样的动态调整，评估体系始终保持着与企业目标的高度契合。

更为重要的是，这些行为指标不仅被确定下来，还被转化为管理者们日常实践的行动清单。每一项行为指标都成为引导管理者具体行动的指南，让他们知道在实际工作中应该关注什么、如何改进。这种清单化的设计，不仅简化了管理，还为企业的文化统一提供了有力支持。无论是新晋管理者还是资深领导者，只要按照这些清单操作，就能在行为上与组织的核心价值观保持一致。

5.4.3 奈飞的"留任测试"：一道主观却高度契合企业文化的评估题

在许多传统企业的绩效管理中，员工的去留常常依赖年度考核或固定评分表，但奈飞却用一个近乎"主观"的提问，取代了冗长的流程。这个方法被称为"留任测试"，具体核心问题是：**"如果这名员工要离开公司，我会极力挽留吗？"** 它并没有规定死板的打分项，也不像常规的绩效评估那样罗列一大串条目，然后加权计算出一个综合分数，相反，只此一题，看似主观，却巧妙地与奈飞的企业文化和数据化评估体系深度结合。

(1) 一道主观题，为什么有效

在很多人看来，这道"留任测试"问题难免显得过于简单，甚至带有管理者的强烈主观偏见。要理解它为何在奈飞行之有效，必须先了解这家企业的文化理念。奈飞十分强调"高绩效"与"授权赋能"，它相信只有最优秀的员工，才能推动流媒体行业的持续创新和突破；同时，它也重视协作和责任感，奉行"自由与责任"并行的原则，绝不容忍"表现亮眼却破坏团队氛围的独行者"。

正因为如此，当一个经理的脑海中浮现"如果这名员工要离开公司，我会极力挽留吗？"这个问题时，他实际上是在用奈飞核心文化的标准来衡量这名员工的方方面面。

- 能否持续输出高质量的工作成果？
- 是否在团队协作上展现了分享、支持、配合的精神？
- 能否在"自由与责任"的土壤中自我驱动，主动担当？
- 是否真正认同和尊重公司的目标和文化价值？

如果某位员工是一位"老好人"，虽然待人和善，却并无突出贡献，或者某位员工能力出众，却傲慢自负、不愿配合团队，奈飞的文化都会让经理对他在脑海里打上问号。这时，就算员工在某个阶段拿下了不错的业绩，也未必能过"留任测试"这一关。换言之，这道表面上"看感觉"的主观题，实际上已经内嵌了奈飞的高绩效、高协作、强责任感等多元标准，让经理在回答问题时会情不自禁地对这些要素逐一进行衡量。在这个过程中，他们也会想到：如果这个人离开了，会不会对现有项目或未来创新造成严重损失？如果答案是肯定的，那这个人就是值得挽留、值得提供更高薪酬与资源的"核心人才"。

在奈飞看来，与其用烦琐的 KPI 和绩效改进计划来"拯救"表现不佳的员工，不如坦诚地承认双方可能不再适合彼此。这种坦诚和直接不仅体现在评估标准上，更反映在离职安排中。当一位员工未能通过"留任测试"时，公司会提供 4~9 个月的遣散费，让他能够从容地寻找下一个机会。这种"好聚好散"的做法，与传统企业大不相同。在很多公司，绩效问题往往会演变成一项漫长的改进计划，员工在压力下挣扎，管理者也在应对文书工作的过程中疲惫不堪。而奈飞选择了一条更直接的路：既然已经确认双方不再适合彼此，与其勉强维持，不如给予对方充分的尊重和支持，帮助他们体面地转向新的职业机会。这种做法虽然在短期看来代价不菲，但从长远来看，却能让公司始终拥有一支真正契合其文化和期望的精英团队。正是这种既重视高标准,又不忘人性关怀的平衡之道,让奈飞的人才管理显得格外与众不同。

(2)主观题≠拍脑袋,而是让文化与数据形成协同

在传统意义上,"这个员工是否值得留用?"往往是一道开放而复杂的管理考题,难免沦为人际纠葛或权力博弈。然而,在奈飞,"留任测试"不仅给这道题赋予了一个简单聚焦的切入点,还用文化理念和数据指标将其变得更具可执行性。

- 主观态度　经理要问自己的感受——"会不会极力挽留?"。
- 数据背书　从内容口碑到团队协作记录,都能为这道题的答案提供事实支撑。
- 文化指引　奈飞对"高绩效"和"团队贡献"的定义,帮助管理者设立了统一的评价标准。

因此,这看似纯主观的一问,恰恰体现了一个高度数据化、深度匹配企业价值观的评价逻辑。产出低下的"老好人"无法获得留用,高绩效却不合群的"独狼"可能也得不到肯定。唯有真正契合奈飞"自由与责任"精神、在数据层面呈现过硬贡献的员工才能在这项测试中脱颖而出。

5.5　让数据驱动的评估体系走在前面

当企业能熟练运用 $X—Y$ 框架，把"想要的结果"拆解成"可观察的行为"，并且时刻在意有效、污染、缺失三种真实绩效和实际测量绩效之间的关系，就能渐渐摆脱传统靠拍脑袋或单一结果指标来做决策的局限。更重要的是，这样的评估体系还有一个"走在前面"的特质，也就是在项目进行过程中就能提前预警，而非等到事后才发现实际成果离目标相去甚远。

很多时候，管理者觉得人才难以掌控，是因为他们只掌握了结果输出，却对行为过程缺乏追踪。数据驱动的方式，其实是给团队装上了一台"前置雷达"：一旦发现影响结果的关键行为践行不足或出现偏离，就能马上做出调整，不必坐等"最终交付"后再追悔莫及。

当然，构建数据驱动的评估体系需要时间和反复打磨。企业需要不断探寻那些真正具备前瞻性、可操作性、易落地的指标，并随着战略变化或业务演进进行迭代。谷歌的"氧气计划"之所以成功，一个重要的原因是它并非一次性方案，而是一个结合数据、反馈和改进的长效过程。

本章旨在让我们更好地理解评估体系的相关理论如何真正落到实处：从抽象的有效、污染、缺失关系到聚焦 $X—Y$

框架的实操方法，再到像谷歌的"氧气计划"这样的大规模企业案例印证。对任何希望让评价"更科学，也更人性化"的组织而言，数据驱动的力量不可小视，它能帮助我们在深刻理解"Y"的同时，不断挖掘可控的"X"，也能在过程和结果之间建立起及时精准的互动桥梁。

如果我们常常检视评估体系衡量了什么、漏掉了什么、错误地加进了什么，就能够逐步去除影响管理效果的杂质，让企业真正看到每一位员工的真实贡献。或许，这才是评估系统最令人兴奋的地方：它不仅能帮助企业对人才做出公平而精确的评判，也能为员工自身发展指明方向，最终实现企业与个人的双赢。

5.6　小结

本章围绕利用数据驱动的方式评估员工的重要性，从多个维度探讨了如何通过科学的评估体系精准挖掘员工的真实价值。以下是本章的核心要点。

- **结果导向的局限性**　过度依赖加班时长、点击率等结果型指标可能导致评估结果失真，因为这些数据容易受外部环境和运气因素的干扰，无法真正反映员工的努力和能力。

- **从结果到行为的转向**　关注员工可控的行为和过程指标，不仅更具公平性，还能及时预警。例如，日常行为观察能够在问题发生前及时进行干预，为员工的长远发展提供支持。

- **理论框架的支撑**　通过对有效、污染、缺失三种真实绩效和实际测量绩效之间的关系的分析，我们强调了科学评估体系需尽量刨除无关因素、弥补被忽略的重要行为维度，从而实现真实绩效与实际测量绩效的高度吻合。

- **X—Y框架的实践**　企业需要将"最终希望看到的结果或贡献"（Y）分解为"可观察、可衡量的行为"（X）。谷歌的"氧气计划"通过数据分析提炼出八项关键行为，为管理者的日常实践提供了明确的指导。

- **动态优化的评估体系**　谷歌在"氧气计划"中将初期的八项关键行为扩展到十项，新增了跨部门协作等关键行为，体现了评估体系与企业发展的同步迭代，以保持对核心目标的精准支持。

- **奈飞的"留任测试"启示**　尽管看似主观，这项测试通过文化支持和数据支持，为经理人提供了一种简洁高效的员工评估方式。它强调员工的高绩效和文化适配性，真正契合奈飞的核心价值观。

- **评价的双重目标** 科学评价不仅是为了精准识别员工的真实贡献，更是为了帮助员工明确发展方向，实现个人潜力的最大化。这种方法让员工的成长与企业的目标深度一致。
- **数据驱动的未来** 本章探讨了如何通过持续优化的评估体系，让数据成为组织的"前置雷达"，帮助企业在快速变化的环境中实现精准管理，为实现员工与企业的双赢奠定基础。

这一章的核心思想在于：通过科学的评估体系和数据驱动的工具，企业可以构建更加公平、高效、可持续的人才管理体系，从而更好地应对未来的挑战。

第 6 章

隐形关系的力量：个体网络属性与组织敏捷性

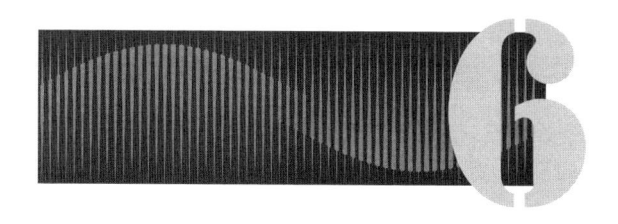

6.1 案例：一个关键员工的离职引发的连锁反应

在一家拥有近千名员工的中型科技公司凌云科技里，一场原本声势浩大的新品研发项目逐渐陷入停滞。表面上看，所有的部门都在按照各自的条线推进工作：研发部门忙着改进技术方案，市场部门紧锣密鼓地测试潜在用户的反应，运营部门则在筹备新品上线流程。然而，每个部门都在埋头做自己的事，却没有人将零散的信息整合到一起。结果就是，研发部门在功能上增加了大量不必要的"创新"，导致产品成本猛增；市场部收集到的用户反馈没有被及时传达给研发部门，以至于新品的某些核心功能反复修改；运营部门更是两眼一抹黑，在新品上线前夕才发现对接接口不匹配。项目进度一再拖延，投入的预算也跟着翻倍，大家的士气可谓跌至谷底。

公司内部开始追责，有人觉得是项目经理能力不足，还有人指责研发部门冥顽不灵。就在高层密集讨论之际，某位

第6章　隐形关系的力量：个体网络属性与组织敏捷性

深受公司信赖的中层主管意外地离职了——她在邮件中轻描淡写地说，自己拿到了更好的外部机会。这位名叫王丽的中层，职位并不算高，但她肩负着跨部门"信息枢纽"的角色。每次研发部门和市场部门出现争执时，她都会主动组织站会来梳理分歧；每次运营部门需要提前获取产品功能列表时，她也会尽力协调资源。没有正式的权力授予，也没人刻意安排她去当"中间人"，可在日复一日的工作中，她渐渐成了各部门愿意主动找来咨询、沟通的人。公司高层对她的存在并不十分留意，因为她的职位在组织结构图上并不显眼，从绩效指标看，她的表现也只是中等偏上。

然而，在王丽离职之后，大家才意识到她是整个研发项目的"联结者"。后续的协作网络瞬间断裂：本来有些问题，王丽只要转发个信息、安排个会议，几天内就能敲定方案，而如今各部门像散落在不同的岛屿上，沟通延误不断。结果，原本定在当月底上线的新品，硬是被推迟到下个季度才上线。公司高层终于开始追问：为什么这样一位看似普通的员工对项目进程有如此深远的影响？这背后又有什么更深层次的问题？

有经验的顾问指出，其实这就是"组织网络"在起作用：一个员工可能在正式的汇报层级里并不占据举足轻重的位置，却在实际的协作网络中扮演着至关重要的纽带角色。如果不能意识到这些"关键联结者"的存在，并提供相应的激励和保护措施，一旦他们流失或被边缘化，整个组织的信息流动与协同效率就会大受打击。

从这件事开始，凌云科技管理层才意识到，看似微不足道的组织网络恰恰能决定组织的效率、资源分配与创新成果。只盯着各部门的 KPI 或是个人绩效评分，往往会忽略那些在正式架构之外发挥重大作用的人，也因此难以精准发现和留住关键人才。

这则案例揭示了一个被长期忽视的真相：**很多组织内的真正的领导者、信息枢纽或意见领袖并不一定身居高位，却往往掌控着关键的联系与协作路径。**当人们只关注组织层级时，或许会忽略最核心的"网络"，而这个网络才是促进或阻碍组织成功的关键所在。

6.2 组织网络：让隐形关系可视化

在前述案例中，一名普通的中层员工王丽成了跨部门沟通的"隐形枢纽"，她的离职使得公司陷入了巨大的协同危机。这背后所揭示的事实就是组织网络往往比传统组织架构更能反映真实的沟通与协作模式。那么，什么是组织网络？它与我们通常看到的组织结构图又有何不同？组织网络分析

（organizational network analysis，ONA）⊖ 正是一种可以将组织内部的隐形关系展示出来的分析工具。这一节我将带领大家走进组织网络的概念世界，揭示"节点"与"边"如何构成了一个企业的动态生态。

6.2.1 组织网络的概念与本质

（1）节点和边

要了解组织网络这张"看不见的网"，可以从图论（graph theory）与社会网络分析入手。在图论中，"节点"代表个体或实体，"边"则表示节点之间的联结。套用在企业场景里，"节点"可以是一名员工、一支团队，甚至一个外部合作伙伴，而"边"则代表信息流动、资源互换等联系。

在传统的组织结构图中，人们只看到谁是上级、谁是下级，但在真实的协作环境里，存在大量"看不见"的互动。例如，新员工常常私下向资深同事请教经验，市场人员与研发人员可能会在午餐时沟通用户反馈。社会网络分析旨在将这些丰富的交互数据可视化，让我们直观地看到"谁在和谁密切合作""信息和资源如何在企业内部流动"。

⊖ 组织网络分析是社会网络分析（social network analysis，SNA）在组织环境中的特定应用。

在北美的一家初创公司中，管理层对全公司的邮件与即时通信数据进行匿名化处理后，意外发现前台行政助理与研发部门的一位实习生联结着最多的节点。尽管在正式的组织结构中，他们只是助理和实习生，但因为经常主动对接资源、解答疑问，日积月累之下，他们在组织网络中成了最活跃的信息枢纽。由此可见，正式职务与真实影响力未必画等号，很多"隐藏关键人"正是通过频繁的跨部门互动悄然支持着企业的信息流动和协作效率。

（2）正式网络和非正式网络

如果把一家企业比作一座繁忙的城市，你会发现这座城市里同时存在着两张地图。一张是城市规划局绘制的官方地图，上面清晰地标注着主干道、功能区和交通枢纽，这就像企业中由高层精心设计的组织结构图。在这张正式地图上，你能一眼看清楚谁向谁汇报、每个部门的职责边界在哪里、各级主管如何统筹调度。

但是在这座城市的日常运转中，居民们却逐渐绘制出了另一张"心照不宣"的地图。就像老街坊都知道哪条小巷子最适合遛弯闲聊、哪家店铺的老板最热心肠，企业中也存在着这样一张看不见的关系网络。这张网络由日复一日的工作交流、茶水间的闲谈、项目合作中培养出的默契与信任编织而成。人们私下称之为"小路"——当你需要快速解决问题时，通过这些非正式渠道往往比循规蹈矩地走正式流程更有效率。

在企业的日常运转中，这两张"地图"总是相互交织、互为补充。就拿我们经常遇到的情况来说，当新来的同事遇到技术难题时，与其按部就班地写邮件、等待上级审批，然后再转交相关部门，不如直接去找自己熟悉的老员工打听："这个问题以前谁处理过？"几分钟的闲聊，往往就能指明方向。又或者，当市场部门急需了解产品的某项功能细节时，相比发起一个正式会议，约研发团队的老王吃个午饭，边吃边聊，问题可能更容易解决。

有趣的是，在企业中真正能够给人指点迷津的，往往是那些在茶水间经常与人攀谈的同事。他们就像城市里那些热心的"活地图"，不仅知道哪里能找到需要的资源，还清楚哪些人最擅长解决特定的问题。这些人虽然可能并不在高位，却往往掌握着企业里最丰富的"隐性知识"。正如一位老员工所说："工作久了，你就会发现，有时候一个非正式的咨询胜过三个正式会议。"

这种现象在很多企业中都很常见。比如在凌云科技，王丽虽然并非项目经理，但因为她善于和不同部门的同事建立良好关系，于是便逐渐成了联结各个团队的"枢纽"。当公司遇到紧急任务时，她总能通过这些私下建立的渠道快速调动资源、整合信息，让项目顺利推进。这种非正式网络的力量，往往超出了组织结构图上能够展现的范畴。

研究者们观察到，那些在企业中表现出色的员工，往往都很善于在正式网络与非正式网络两个层面上开展工作。他们既尊重正式的汇报体系，也懂得如何通过私下的交流网络来提高工作效率。就像一位资深管理者说的："正式网络就像城市的主干道，保证了交通的基本秩序；而非正式网络则像是大家熟知的小路，虽然不那么显眼，却常常能帮你绕过拥堵，更快地到达目的地。"图 6-1 展示了某企业的组织网络。

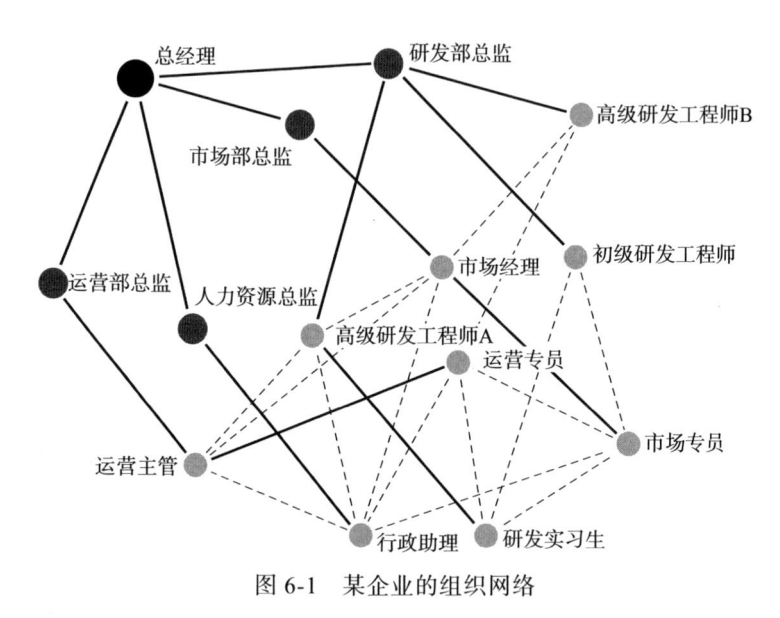

图 6-1 某企业的组织网络

注：实线代表正式汇报关系，虚线表示日常工作沟通路径，不同的节点颜色分别代表不同的层级——最高管理层、部门主管和一线员工。

对企业管理者来说，理解和利用这两种网络的特点是一门值得用心琢磨的学问。与其强制要求所有事情都循规蹈矩地走正式流程，不如营造一个能够让两种网络和谐共存的环境。毕竟，正如一座城市既要有大马路也要有小巷才能四通八达一样，一个组织的活力往往来自正式网络与非正式网络的默契配合。

这种平衡的智慧或许就是管理艺术中最耐人寻味的部分。当我们走在企业这座城市中时，既要遵循那些明确的指示牌的指引，也要懂得欣赏和利用那些由人际关系编织而成的小径。正是这样的双轨并行，才让组织既能保持稳定有序的运转，又充满了灵活性和人性化的温度。

6.2.2 组织网络分析的价值与意义

在许多企业的日常工作中，人们习惯先看组织结构图去判断谁是上级、谁是下级。然而，若仅依赖这种纵向的权责关系，我们可能会忽略冰山之下的大片海域：那些横向交错的人际网络，往往藏着企业真正的合作动力与创新源泉。从企业初创到规模壮大，正式的层级和规章制度确实能使企业保持稳定性与规范性，但企业在发展过程中可能会逐渐丧失敏捷性，甚至出现各部门各行其是的"大企业病"，这背后的根源往往在于横向关系的断裂。

如图 6-2 所示，组织网络分析能够让管理者在一张可视化的网络图中看到冰山之下海域的真实面貌，不仅能识别那些网络中的节点，还可查清它们之间的关联强度、交流频次、跨部门互动深度。透过这样一张"关系地图"，我们能找到公司真正的"隐形领导"、查明项目协作中的"瓶颈地带"，并更清晰地了解哪些跨专业、跨团队的联结最能激发新想法。换句话说，进行组织网络分析是一次对企业的整体运转机制从个体（微观）到组织（宏观）的系统审视。

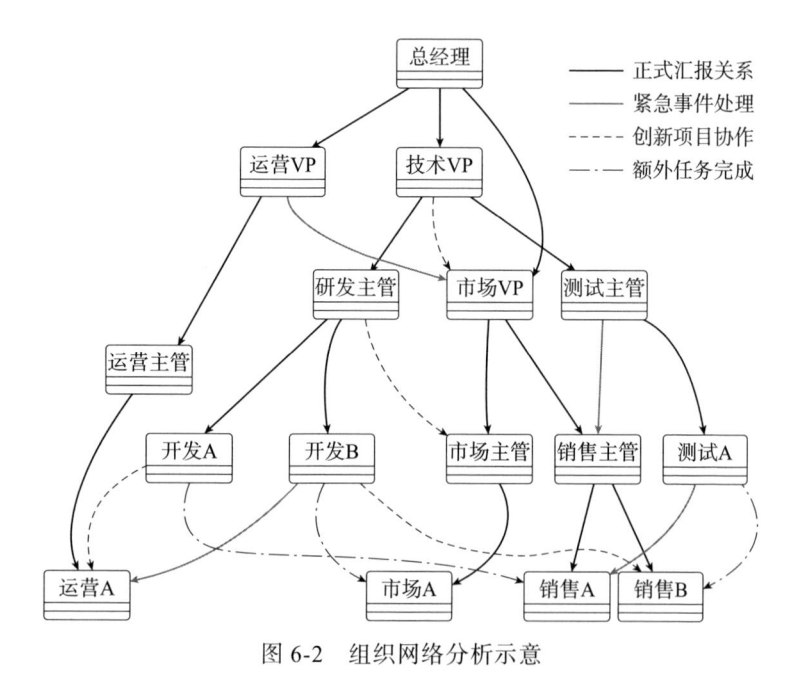

图 6-2 组织网络分析示意

发现隐形领导力：当领导力不仅仅取决于头衔

想象一下，在一家正在快速发展的科技公司里，一位在组织结构图中并不显眼的员工却能在短时间内动员各部门同事响应一项突发任务。许多同事自然而然地听从他的建议，甚至领导层的新措施若未获得这位关键员工的认可，就会在落地时遭遇阻力。在组织网络分析中，会将这些关键枢纽员工标识出来，让管理者意识到：领导力不仅仅取决于头衔。

这类人之所以在网络中有如此大的影响力，往往是因为他们长久以来的热心付出，随着信任的积累，同事们都愿意对其倾诉需求，向其寻求帮助。某些跨部门的信息与资源都汇聚到了他们身上，然后再向外扩散。这样的关键枢纽员工若被忽略或误解，组织层面可能会损失掉很多宝贵的协作可能；如果管理者能与他们建立良好互信的关系，许多新项目、新举措就会获得更快速的响应与支持。

识别协作瓶颈：当部门墙导致信息孤岛

很多公司在规模扩大后，部门间的壁垒就慢慢凸显出来了。一些研发人员抱怨获取不到市场反馈信息，市场团队则埋怨研发进度拖慢了宣传节奏，而行政部门、财务部门等支持部门经常要周旋于不同的业务条线之间，效率低下、疲于奔命。

通过组织网络分析，管理者在"关系地图"上一眼就能看到哪些部门和其他部门联系密切,哪些则完全形同陌路。如果说关键的个体节点帮助我们发现"隐形领导力",那么关键的断点就能帮助我们识别"协作瓶颈"。就像凌云科技的案例,王丽一旦离职,市场部门与研发部门之间的联系瞬时就变得稀疏,因为之前 70% 以上的跨部门沟通都是她在维系。没有了她这个桥梁,两大部门再难协同运转。透过组织网络图,这种"一人之力"对关键流程的影响会变得清晰可见。这也提醒管理者应注意培养更多的"联结者",以免企业陷入"单点故障"的高风险局面。

促进知识共享,驱动创新:跨部门、跨专业的碰撞与融合

在知识经济时代,创新日益依赖跨部门、跨专业的相互碰撞。一个绝妙的创意往往需要技术部门、市场部门、运营部门多方的共同打磨。倘若组织网络里充满了"部门小圈子",彼此防线森严,许多能激发火花的想法就只能永远停留在萌芽状态,难以被发现。

反之,若组织网络中存在足够多的"跨界触点",员工们就能自然地互通有无、互相激发灵感。比如在某家公司里,负责市场运营的小伙伴在公司组织的黑客马拉松中与算法工程师碰巧组队,结果他们打造出了一项提供给外部客户的增值服务,不仅让团队在内部声名鹊起,还为公司带来了新营收。在这样的故事背后,往往都有一个非正式网络在发挥润滑剂和催化剂的作用。

借助组织网络分析，管理者能快速洞察哪些部门（或个人）之间已有可观的合作趋势，并识别哪些区域还是信息孤岛。随后，通过定向推动跨部门兴趣小组、技术沙龙或联合项目，便能让更多的团队成员在"相互撞击"中产生更多新思路。

总体而言，组织网络分析的价值与意义主要有两个方面。一方面，它能帮助我们从个体层面找到关键员工——那些拥有隐形领导力、掌握核心资源、联结不同圈子的人，为他们提供更合适的发展机会与激励方案；另一方面，它也能让我们从组织层面发现结构性的问题与优势——哪些部门壁垒严重、哪些跨部门协作蓬勃兴起，又或者存在哪些"单点故障"式的高风险枢纽。这种由下而上、由点到面的解析，正是组织网络分析方法令人眼前一亮的原因，它不仅拓宽了人力资源管理和团队管理的思考边界，也为企业在制度、文化和战略层面的演进指明了新方向。

6.3　个体层面：组织影响力与网络角色

在讨论了组织网络整体的运作逻辑之后，如果我们把视角聚焦到个体本身，便能更清晰地看到每位员工在组织网络中如何影响组织的协作与创新。传统上，对个体绩效的评估往往侧重于业务指标或技能水平，但在当下高速变化的组织环境中，仅仅依靠这些已不足以准确判断一个员工的真正价值和影响力。事实上，个体的网络属性也起着至关重要的作用。那些职位不高却能串联多方关系的"隐形领导者"往往比某些名义上的管理者更能推动团队进步，而有些在组织网络中的位置极其关键的员工也有可能成为信息卡顿或决策拖延的"罪魁祸首"。只有将个人属性与网络属性结合起来，才能看清一个人在组织中扮演的真实角色。

比如，有这样一位公司前台或行政岗位的员工，他的日常工作似乎与核心业务关系不大，但无论研发部门需要对接市场，还是财务部门想了解一线动态，大家都会不约而同地找到这位同事。他虽没有耀眼的业绩数字，却是很多人眼中能最快解决问题的人。这类员工往往拥有极高的联结能力，他们在企业内部承担着信息与资源的"转运"功能，实际影响力远超过其岗位头衔所能体现的。这种网络属性形成于日常的信任建立、跨部门的互助与沟通，也彰显出隐藏在正式层级背后的协作力量。

6.3.1 常见的衡量个体网络属性的指标

在社会网络分析中，中心度是一个核心概念，用于度量网络中节点的重要性或影响力。中心度高的个体通常在信息传递、资源流动和组织协作中发挥关键作用,其实际影响力可能超出正式组织结构所定义的职权范围。其中,**度中心度**与**中介中心度**这两个指标最能直观地呈现员工在信息流动与资源调配中的重要性。虽然也可以参考其他指标(如紧密中心度、特征向量中心度等),但从组织管理的视角来看,这两个指标最能帮助我们迅速识别"在团队中声量大的人"和"跨部门的桥梁人物",从而找到真正影响协作效率与创新成效的关键节点。

(1)度中心度

定义与计算

度中心度反映的是一个节点直接联结多少个其他节点或者是一个节点所联结的边数。在实际计算时,只需数一数某员工在组织网络中拥有多少个直接连线,就能得出一个简单却意义非凡的数值,数值越高,说明他与越多的同事存在直接交互关系。

相关组织情境与影响

- **信息快速触达** 联结越多的人,越能第一时间获取或传递关键资讯。就好比公司里有位前台小李,她负责一些收发文件的工作,但同时也在邮箱、即时通信群组、电话沟通中随时与数十位同事保持联系。其度中心度很高，这意味着她往往最先知道"谁在忙什么""谁能立刻帮到谁"，也能把信息快速传播到各个角落。
- **资源汇聚与分发**　当市场部需要文案支持、研发部寻找内测用户或财务部门临时加急报销时，度中心度高的人常常成为团队默认的"资源调配站"。他们既能节省大量的时间成本，也容易在团队中获得一定的话语权。
- **组织潜在影响力**　如果这类人提出某项建议，其他人往往更容易响应或跟进；反之，如果他们从公司中流失了，团队之间的整体互动可能瞬间冷却、断裂。

在某互联网公司里，人力资源助理小陈每天要对接招聘、培训、行政等各个模块，又时常帮其他部门协调排期、订会场。结果在社会网络分析中，她的度中心度超越不少部门主管成了全公司最"热闹"的节点。虽然在正式组织结构图里，她并不是管理岗，但在许多突发任务中，她却能发挥举足轻重的"号召力"。

（2）中介中心度

定义与计算

中介中心度考察的是，在所有的"最短路径"里，该节点有多少次成为其他节点之间的"必经之路"。具体计算原理略为复杂，但简单理解就是：某人若是两个或多个部门、团队沟通时的"中转站"，那么他的中介中心度就会很高。一旦这位桥梁人物离开或工作滞后，信息传递就会出现明显的延误甚至断流。

相关组织情境与影响

- **跨部门联结**　例如公司中并无专门对接"运营—研发"协作的正式机制，恰好有位市场运营人员在平时结识了研发小组的骨干，于是他自然成为两边频繁互动时"绕不开"的联系人。
- **关键对接与潜在风险**　高中介中心度代表着强大的跨团队影响力，但也同时意味着风险。一旦某人休假或离职，原本依赖他的业务往来就可能陷入停滞。
- **协作效率与"瓶颈效应"**　若公司有意在两部门之间搭建官方流程，最快的方式往往是先找到那位在现实工作中已承担"中介"角色的人，借助其经验或人脉铺设正式渠道。相反，如果这种"桥梁人物"不愿分享信息或资源，就可能演变成"单点故障"，极大地拖累整体协作效率。

前文提到的王丽离职的案例就生动诠释了高中介中心度对协作效率的影响。离开了这一关键的"桥梁人物"，凌云科技的研发、市场、运营等部门就像被切断了水流的几条渠道，项目一夜之间陷入混乱。类似的情况在许多组织中并不罕见。有人或许只是负责前台或行政工作，却因为常年累积的人脉与信任，成了各类事务的对接中心；也有人在各个部门里都有"老朋友"，自然就获得了更广泛的支持与更多的资源。有时，只看职务或资历，我们难以解释他们对团队协作和企业文化的深刻影响；但从社会网络分析的视角来看，这些人的价值便一目了然。

度中心度和中介中心度这两个指标分别刻画了"联结数量"与"桥梁价值"两个不同维度的网络影响力。一个人如果度中心度高，往往在团队中坐拥较多的社交资源；若一个人中介中心度高，则通常意味着他拥有跨部门、跨团队的信息"通关权"。在组织管理中，这两类人都十分重要：前者能加速信息扩散，后者能衔接关键路径。若能识别出这类人并充分激励他们，组织的协作效率和创新潜力便可大幅提升；但若忽视了他们，则组织运行可能会在关键时刻"卡壳"。

6.3.2　多维视角下的员工价值评估

在大多数的企业中，员工档案里放的都是绩效考核表、技能证书和态度评分表格——绩效、技能、态度如同三把标尺，试图将复杂的人才价值压缩成简单的数字。它们能精准识别业务尖子，却可能让另一种关键角色悄然消失在管理者的视野中，这种人可能是在茶水间化解部门矛盾的人、在深夜帮同事协调资源的"救火队员"，或是仅凭一条消息就能推动项目进度的"隐形枢纽"。

某科技公司的测试工程师小王，正是这类角色的典型。他既不是技术大牛，也算不上"拼命三郎"，绩效考核结果常年稳居部门中游。但每当跨部门项目陷入僵局时，小王总能神奇地打通关节：市场部需要紧急测试数据，他十分钟就能联系到研发组负责人；运维团队抱怨接口混乱，他私下协调双方开个短会便能厘清流程。直到在某次产品上线危机中，他的"人脉超能力"让项目提前两周完成交付，管理层才惊觉：原来企业里藏着这样的"社交资产"。

6.3.3　传统评估体系的不足

传统的三把标尺（绩效、技能、态度）如同 X 光片，能清晰扫描员工的"硬实力"，却照不透组织中的暗流涌动。

某老牌制造企业的销售冠军张磊连续三年达成 200% 的业绩指标，但他把客户资源都锁在了加密硬盘里。当他突然跳槽时，整个华南区的客户关系网瞬间崩塌——完美的绩效评分背后，藏着损毁团队协作的暗雷。

某互联网大厂的技术总监王芳拥有顶尖的算法能力，却因沟通方式强硬导致团队流失率居高不下。她的技能评估表上全是 A+，但由她主导的项目平均延期率高达 47%——这造成了任何技能证书都无法抵扣的隐性成本。

6.3.4 组织网络分析的关键指标

组织网络分析为管理者提供了第二只眼睛，它使企业不再孤立地看待员工，而是将其置于动态的关系网中，揭示员工在三类关键指标上的表现。

跨界联结力

在某个跨国快消集团，行政专员李敏的工作日常令人震惊：她每月协调 300 多次跨部门会议，微信置顶 28 个群聊，内容涵盖从原料采购到直播运营的全链条。某次新品上市的物流环节突遇危机，她 15 分钟内就组建起了由 5 国团队组成的应急小组——这种非正式的协调能力让她的实际影响力远超职级定义。

信息枢纽值

某生物科技公司的实验室助理周涛被同事们称为"行走

的知识图谱",他不仅能背出三年前某次失败实验的参数组合,还清楚记得每个研发人员的专业特长。当新冠疫苗研发进入攻坚阶段时,70%的跨组技术咨询最终都会流向他——这种自发形成的信息中枢成为突破技术瓶颈的关键节点。

隐形领导力

某游戏公司的组织网络图曾让高管们大跌眼镜:入职半年的场景原画师林月的中介中心度竟高于美术总监。她创建的"创意共生"共享文档日均引发50多次跨部门灵感碰撞,最终孵化出了年度爆款游戏的核心场景设计——这种非职权性的领导力正在改写传统组织中的权力法则。

6.3.5　三维人才坐标:当能力网遇见关系网

将传统评估体系与组织网络分析叠加,我们可以得到一幅立体的人才地图,其中有五大典型角色。

核心联结者

某咨询集团的运营主管苏阳就像精密仪器中的润滑剂,他的通讯录里存着2000多位客户和同事的"需求密码",从某私募总裁的咖啡偏好到AI团队算力短缺的痛点,他都了如指掌。经他协调的项目客户满意度平均提升35%——这种无形的联结价值远超岗位说明书规定的范畴。

跨界造桥人

在某个全球化物流企业，华人经理赵凯构建起横跨三大洲的"人脉桥梁"。他既能精准解码德国总部的战略意图，又深谙东南亚港口运作的潜规则。当欧洲同事被某国清关新政难住时，他三个电话就找到了关键人脉——这种跨文化联结力的价值远超他完成 KPI 指标的价值。

组织活力泵

某独角兽科技公司的产品经理楚然每周主持"跨部门吐槽剧场"，他用梗图文化消解部门墙，把剑拔弩张的技术争论变成表情包大战。经他调解的团队协作效率平均提升 60%——这类员工如同组织的肾上腺素，能激活"沉默的大多数"。

暗礁型员工

某金融科技公司的风控专家能力出众，却刻意封锁关键数据接口。他的中介中心度越高，项目受阻风险越大——这类"高性能瓶颈"的存在凸显了单一维度评估的致命缺陷。

深海专才

某芯片企业的量子计算研究员极少参与协作，但他发表的专利让公司获得了关键技术壁垒。对这类"高精尖孤岛"，企业需要特制评估方案与激励方案。

当企业能同时看到员工"做事的能力"与"联结的能力"时,就能制定更有针对性的激励和培养方案,也能更早地发现"瓶颈角色",做好风险预防。

6.3.6　启示:从单一考核到多维管理

传统的人力资源考核仅从绩效或技能切入,容易忽视一些能真正带来乘数效应的关键人物,也可能错把那些业绩突出但不愿分享资源的人捧上高位,对后续的协作与创新造成阻碍。

相反,当企业同时关注个人属性与网络属性,并以此为依据来识别、激励与培养不同角色的员工时,便能更加精确地做到以下三点:

- 发现并扶持"隐形领袖""协调达人"。
- 预防和化解"资源封锁""信息瓶颈"。
- 借助跨部门、跨专业的联结力量,持续驱动创新与组织成长。

总而言之,这份立体的人才地图能让我们真正地"看见"员工在工作场域中方方面面的表现,不再局限于表面可见的绩效数字,也不会错过那些埋藏在组织网络角落里的宝贵资源。只有多维度地去了解和善用每个人，才能让组织在竞争激烈的市场环境中持续保持灵活性，充满创意地前行。

6.4 案例：销售人员如何利用自己的网络

艾琳刚加入一家全球化企业担任大客户经理时，她最先注意到的并非业绩指标的要求，而是各式各样的关系网络——行业协会里的潜在线索、公司内部形形色色的资源团队、客户公司内部层级森严的决策链条……在她看来，如果能把这些不同的关系网络顺利"串"起来，销售就会变得事半功倍。果然，短短一年后，她连续超额完成业绩指标，成为团队的新晋"销售明星"。回顾整个历程，她总结了四个关键阶段与所需网络的变化。

6.4.1 第一阶段：识别潜在客户

刚入行时，艾琳深知自己在行业人脉上略显薄弱。为此，她积极参加各类展会、行业沙龙，甚至利用业余时间加入本地的创业者社群。她发现，有些老客户特别熟悉市场行情，能帮她打听潜在需求；在 LinkedIn 等线上平台上，她也会主动与业内专家和顾问互动，获取最新动向信息。

在此阶段，她依托"市场网络"获取信息，尽可能多地搭建"前哨"，让自己对行业格局与潜在客户了然于胸。正因如此，她的线索库始终"供大于求"，在寻找新合作时往往领先一步。

6.4.2　第二阶段：获取客户买单机会

当艾琳确定了潜在客户后，下一个难点就是如何深入对方企业内部，让更多关键人了解并认可方案。她常说："想让客户买单，光搞定一个联系人还不够，还得在客户内部搭建一张'支持网络'。"

- 初步接洽　艾琳往往会先锁定客户企业中一位对公司产品或服务较感兴趣的"内部盟友"——也许是项目负责人，也许是对新方案充满热情的部门经理。她会在深入交流中了解对方在企业内部的层级和人际关系情况，以及"谁真正掌握预算""谁对方案意见最大""哪些部门之间存在利益冲突"等。
- 延伸关系　一旦摸清客户企业内部的组织架构与"决策链条"，艾琳会借助这位"内部盟友"的引荐逐步联系财务经理、IT专家甚至行政总监等潜在利益相关方。她会通过正式会议或非正式沟通的方式，让不同部门都能了解到方案的价值，还会针对各方关心的痛点提供相应的解决思路。

- "内部联盟"形成　当客户企业中不同岗位、不同部门的人都获得了各自的"好处"或看到了"改进空间"后，他们便会在公司内部形成"支持联盟"。此时艾琳再配合对方企业的内部沟通机制，进行统一协调和推进，原本零散的需求就会集中起来，方案也会变得更具说服力。
- 典型举例　她曾经通过与一家生产型企业里负责运营效率的经理人合作，逐步接触该企业的财务部门、法务部门、物流团队，让对方看到新方案可以带来的提升，最终顺利拿下订单。当对方企业内部的每个关键人都对她的提案"有所期待"时，整个审批与采购流程便再无阻碍。

这一步的核心不是单纯地向客户展示"我们公司多专业"，而是推动客户企业内部各部门达成共识。艾琳利用已有的"起始节点"，一步步在对方企业内部找到更多潜在的拥护者，形成真正能影响决策的"内部网络"。客户企业的高层看到这么多部门或团队都对方案表示认可或期待，自然更容易拍板买单。

6.4.3 第三阶段：提供解决方案

当客户开始提出更深入的甚至带有个性化需求的问题时，艾琳往往会在公司内部迅速组建一支"临时突击队"，组成人员包括研发工程师、测试主管、项目执行经理等。她将这称为"企业内的深度网络"。

不等问题变得火烧眉毛，艾琳就已经跟各部门骨干建立了熟络的关系——有时是在公司培训中结识，有时是在食堂偶遇，更多时候是在项目协作或学习分享群里加深联系。当客户提出需求时，艾琳能立即把相关同事拧成一股绳，共同给出可行的解决方案。比起那些需要层层申请、苦等排期的销售人员，她的效率往往高出一截。这样的"企业内的深度网络"让艾琳在应对复杂需求时游刃有余。多次跨部门协作的成功也让公司内部的同事更信任她，日后再碰到类似场景，大家都乐于第一时间向她伸出援手。

6.4.4 第四阶段：达成交易

当项目进入谈判与签约的关键期时，艾琳会更加重视"决策网络"——不仅包括客户内部决策网络（即客户企业内部的决策链条与关键影响者），也包括外部背书网络（比如那些曾与艾琳合作过的老客户们，他们可以提供真实可信的使用体验和成果证明）。她会清楚地在纸上标识出谁负责财务拍板、谁在技术层面拥有否决权、谁拥有最后的合同签字权，并为每个关键节点都打通"信任管道"，力求把不确定性降到最低。

比如，她会邀请客户决策人或关键技术人员到公司参观，与研发团队、产品团队零距离接触。面对面互动能迅速建立信任感，也有助于客户了解方案背后的专业实力。

当新客户对方案的可行性或落地效果表示担忧时，艾琳会主动联系曾经成功合作过的老客户，请他们分享亲身体验或最终成果。通过这种"口碑联动"，她能让新客户更加信任自己的公司和所提供的方案。

一旦客户企业内的关键人离职或调岗，艾琳会迅速确认新的负责人，利用此前已建立好的信任网络寻求老客户或内部联系人的协助，让项目不因人员变动而脱轨。

达成交易后，艾琳并不会在此时"功成身退"。她深知，维护现有的客户网络十分重要：一方面，通过持续关注客户后续的产品使用情况与升级需求，她能与老客户保持深度的关系；另一方面，这些老客户在行业或社交平台上对她的好评往往会成为她开启新客户关系的"敲门砖"。如此便构筑起了"客户网络—口碑背书—新业务拓展"的良性循环。就这样，艾琳将客户网络的作用从单纯的签单辅助发展成了持续背书与口碑辐射，让每一次合作都能带来新的合作机会。

许多人只看到艾琳在签单时的风光，却忽略了她前期对人脉关系的投入与精心维护。如果把销售比作一场马拉松，那么可以说，在每个赛段上，她都懂得换上不同的"跑鞋"，借力于最合适的"助跑员"。也正因如此，她才能在这家全球化企业中接连斩获"大单"，并在同行里树立了"能搞定最复杂的客户"的口碑。

在很多人的印象里，销售绩效似乎就是"谁的签单量大，谁就更优秀"。可通过艾琳的故事我们发现，那些业绩稳定的人往往会在不同时期灵活切换到不同的关系网络，协同最多的资源、拉通更广的人脉。这样的做法极大地提升了他们对市场机遇的捕捉能力，也为组织内部的跨部门合作创造了良性循环。反之，如果只把注意力放在客户拜访次数或合同额上，就可能忽视一个销售人员成功的背后所暗藏的"人脉组合"。

如今在销售领域，越来越多的企业开始运用社会网络分析来洞察这些"隐形的人际联结"。它们发现，当一个销售人员能在市场网络、内部资源网络、深度协同网络和客户网络之间自如切换时，他往往就拥有更高的成交率和更持久的客户关系。也就是说，在这个四个关键阶段的销售进程中，谁善于管理好自己的"多张网",谁就能走得更远,飞得更高。

6.5　组织网络分析助力 360 度测评:从正式组织关系到真实协作

在大多数企业里,360 度测评是对员工进行多方位评价的一种重要方法——它不仅收集上级的意见,也纳入同级、下属乃至客户的反馈。但问题在于,传统的 360 度测评往往基于正式组织关系——上下级、部门内同事、部分关联部门等关系来确定评估人。这样一来,大量跨部门、跨团队的真实协作就可能被忽视。

在一家大型科技公司里,市场部的张晓每天都要与产品、研发、运营等多个部门的同事密切配合。作为产品上市项目的协调人,她付出了大量精力来打通各个环节,确保项目顺利推进。然而,当年度 360 度测评开始时,她却发现一个尴尬的现实:在能够对她进行评价的评估人清单中,几乎所有人都来自市场部内部,而那些与她朝夕相处的跨部门伙伴却被排除在外。这种情况并非个例。在当今复杂的商业环境中,跨部门协作已成为常态,但我们的评估体系却往往难以捕捉这些横向关系的价值。

6.5.1 为什么横向关系常被忽视

在传统的 360 度测评体系中，横向关系常常被忽视，这有多重原因。首先是组织结构本身的局限性，评估人的选择往往严格遵循组织结构图或部门划分的逻辑，导致大量跨部门的合作关系被自动忽略。其次，评估人通常只能基于自己熟悉的工作内容做出判断，如果缺乏正式机制来邀请跨部门合作者提供反馈，就会造成信息的断层。最后，更现实的挑战是，如果要让所有合作过的同事都参与评估，工作量势必会十分庞大，因此企业往往不得不在全面性和可操作性之间做出权衡，仅选择有限的"关系人"参与评估。

组织网络分析能在很大程度上弥补上述不足。它通过采集员工日常工作中的各种互动数据（如来自协作文档、OKR 项目协作、会议记录、沟通工具等的数据），自动识别实际合作关系，而非只看部门或层级。

- 将真实协作转化为评价关系　举例来说，某互联网公司会在后台统计过去半年内，每位员工与哪些人有着较高频率的文档协同、会议共同参与或即时通信对话。当这些互动的强度达到某个阈值后，系统就会自动将对方加入 360 度测评的评估人选中。这样，就算你在财务部，但如果过去半年里你与市场部的某位同事协作频繁，你们就能互相进行评价。
- **客观映射员工的横向贡献**　透过组织网络分析的数据可视化，我们可以看到某些员工在本部门之外与许多同事保持着紧密的合作关系。这印证了他们的高度中心度，说明了他们在跨团队项目中扮演了不可或缺的角色，其价值自然也应在绩效评估时获得更多认可。

6.5.2　案例：字节跳动的评估筛选机制

以字节跳动为代表的互联网企业率先引入了智能化的员工评估筛选机制，通过自动化数据采集来识别员工间真实的协作关系。这一系统能够全方位追踪员工的日常工作互动，包括OKR项目协作、协作文档、即时通信频率数据，以及各类审批流程中的互动记录等。当系统监测到持续性的紧密协作关系时，会在360度测评环节自动推荐相关评估人选，从而确保评估的真实性和全面性。

这种创新的评估筛选机制的效果主要体现在两个方面：首先，它为那些经常进行跨部门协作的员工提供了更客观的评价渠道，使他们的贡献可以得到应有的认可；其次，它有效减少了传统评估体系中人情分过重和因不了解而乱打分的问题，提升了绩效评估的准确度。

要将这一先进的机制落地实施，企业需要在多个层面进行精心规划和部署。首要任务是确立清晰的数据采集框架，在遵守法律法规的前提下，平衡数据收集与隐私保护的关系。同时，企业还需要设定科学的互动频次阈值，筛选出真正有价值的协作关系，避免将临时性或表面性的接触也纳入评估体系。

在推行过程中，向员工清晰传达该机制的目标和价值至关重要。管理层需要强调，设置这种自动化的筛选机制本质上是为了更好地认可和激励跨部门协作，而非对员工进行监控。通过有效沟通，可以消除员工对数据采集的顾虑，从而获得更广泛的支持和配合。

将组织网络分析的分析成果与360度测评相融合，正在为企业带来三个革命性的突破。

首先，它让横向关系的价值不再被淹没在传统的组织层级框架中。那些在跨团队项目中默默挥洒汗水的员工、那些为公司整体效能做出卓越贡献的无名英雄，终于能够被更多同事看见和认可。他们的付出不再是一笔无形账，而能在考核中获得公平、客观的评价。

其次，这种机制正在悄然瓦解传统的部门藩篱。当企业通过制度鼓励跨部门协作时，员工们不再将自己局限在单一部门的框架内，而是主动寻求与其他团队的合作机会。这种良性互动不断累积，企业内部最终会形成一个开放、互助的组织生态系统。

最后，最重要的是，这一创新极大提升了员工评价的准确度和可信度。评价不再是流于形式的例行公事，而是建立在真实、充分的工作接触基础之上的，评估人与被评估者之间存在实打实的协作经历，这让评估结果更加可信，也更能反映员工的真实贡献。

6.6 小结

本章探讨了组织网络分析在挖掘隐形关系、提升组织敏捷性和协作效率中的关键作用，通过实际案例和理论分析展示了这种方法如何揭示组织中未被察觉的动力源与瓶颈点。

- **隐形关系的重要性**　通过案例揭示了组织中正式网络之外的非正式网络往往决定了企业的真实协作效率和创新能力这一事实。在非正式网络中占据一定位置的员工对组织成功具有深远影响，例如跨部门协调者的离职可能引发系统性协作危机。

- **组织网络的核心概念**　从图论与社会网络分析的视角，明确了"节点"与"边"的重要性。节点代表个体或团队，边则反映沟通与资源流动。相较于形式化的组织结构图，非正式网络更能揭示企业的实际互动模式。
- **组织网络分析的价值与意义**　组织网络分析可以发现组织结构图所不能揭示的隐形领导力，帮助企业识别协作瓶颈，促进知识共享，驱动创新。
- **关键指标的解读**　重点介绍了度中心度（反映联结数量）和中介中心度（反映桥梁价值）等衡量个体网络属性的指标，阐述了它们如何帮助识别信息枢纽、跨部门联结者及潜在风险点。
- **个人价值的多维评估**　提出将传统评估体系与组织网络分析结合的评估框架，从而更全面地理解员工在组织中的角色与贡献。通过对典型角色的分类，进一步突出了非传统贡献者的价值。
- **组织网络分析与 360 度测评的融合**　探讨了组织网络分析在 360 度测评中的应用，通过数据分析识别真实协作关系，弥补传统评估中横向关系被忽视的缺陷，提升评价的准确度与可信度。

第 7 章

组织网络分析：决定组织的能力、效率和创新的关键

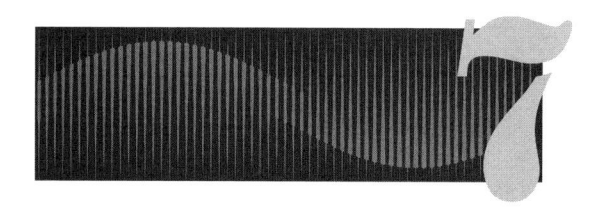

"明明每个人都在拼命，为什么我们还是赶不上竞争对手？"

周一的高管例会刚结束，人力资源总监望着面前那一叠厚厚的绩效考核报告，陷入了沉思。报告中，每位员工都在条条框框里努力"打卡"，销售团队加班冲业绩，研发部门不断迭代新产品，市场部则忙着抢占宣传渠道。看似各个部门都不遗余力，为什么最终的市场响应依旧平平？老板在会上连番追问，却无人能给出确切答案。

这个困境并非某家企业的特例。很多企业都陷入了"个体考核"的迷思：以为把所有人或所有团队的绩效数据逐一汇总，就能计算出组织的整体效能。然而，面对愈加复杂的市场环境与内部协同需求，个人或单个部门的绩效表现并不能解释那些无法量化的瓶颈——比如跨部门沟通障碍、新创意难以落地、内部资源调配失灵等。

正是在这里，组织网络的视角逐渐显露出它的价值：如果把组织视为由节点（个体、团队或部门）和边（信息流动、资源互换等联系）构成的有机网络，那么组织的能力、效率和创新所依赖的并不仅是单个节点的强大，而是整个网络的相互作用和高效运转。当我们换一个角度，从组织网络的整体结构和动力去剖析一个组织，就会发现很多潜藏的痛点和突破点：关键节点的联结是否稳固？信息流动是否及时？不同团队的边界该如何跨越？

接下来，我们将从组织网络整体结构的角度，一同探索如何理解和衡量组织的能力、效率和创新，进而发现那些仅依靠传统的个体绩效评估方式无法看见的协同与成长机会。

7.1 组织的能力、效率和创新的重新定义

组织网络的视角之所以重要，是因为传统的个体绩效评估往往聚焦于"谁"表现优异，却难以说明"为什么"某些创意能迅速传播，而另一些却被部门墙无情地阻断。要想真正理解组织的运行机理，我们需要将目光从单点的闪耀转向整个组织网络的协同运作。

很多管理者在初步接触组织网络分析时，常常会有疑问：我们已经清楚了每个人在网络中的位置（中心度）和跨领域的沟通价值（结构洞），接下来到底该如何评估整个网络

的健康程度？我们如何利用组织网络分析衡量组织的能力、效率和创新？

首先，让我们重新思考组织的能力究竟意味着什么。过去，大多数企业会将组织的能力等同于个人或团队的专业技能水平，似乎只要拥有了足够多的精英人才，企业自然就会能力强。但事实并非如此，一个真正能力强的企业，除了拥有专业深度以外，更需要一个能够及时把正确的人、正确的信息和资源联结到一起的整体网络。试想，如果研发团队得到市场情报的时间总是比竞争对手慢半拍，或是工程师和设计师之间要辗转多个层级才能沟通需求，那么即便单个员工再优秀，企业也会因烦琐的沟通与冗长的反馈失掉宝贵的先机。只有当组织网络结构能支撑起高效的联结与协作，企业才能在面对环境变化时灵活应对、快速学习，这才是更全面意义上的组织的能力。

组织的效率和创新也需要在组织网络结构之中寻求答案。很多组织在面对竞争压力时，都会极力追求决策与执行的高效率：最好由少数中心节点来统一进行决策，并将指令迅速传达给各个边缘节点，最大化地减少沟通损耗。但过度依赖中心节点很可能会让信息掌握在少数人手中，一旦这些人离开或无法参与工作，组织的效率会瞬间下跌。更要命的是，这样的中心化结构往往也会抑制创新，因为富有创意的想法往往诞生于跨部门、跨领域的相互碰撞，而不是单一的垂直指令链条。

如此一来，我们就能理解为什么在组织网络的视角中，效率—创新的平衡常常表现为组织网络结构的集中—分散的平衡：若组织网络结构集中，可以在短期内提高沟通速度与决策效率；若组织网络结构适度分散，让不同节点间产生多元碰撞，则更有利于孵化创意。对任何想在市场中保持敏捷并持续创新的组织而言，过于偏向某一端都可能产生管理隐患。组织网络分析在这个过程中提供了宝贵的思路：通过可视化和量化的组织网络结构，我们不仅能清晰地看见那些自然形成的中心节点，也能洞察团队之间的信息交互模式，从而在效率和创新之间寻找最佳的平衡点。

基于以上讨论不难发现，若想全面衡量一个组织的能力、效率和创新，单靠传统的个体绩效评分或部门 KPI 是不够的，我们需要更系统地理解组织网络的总体特征，比如其中有多少条边、这些边是如何分布的、节点之间的平均距离又是如何影响信息的流动与协同的。借此，管理者便能够精准识别出哪些部门是沟通瓶颈，哪些节点在背后发挥着超级联结者的关键作用，哪些看似安静的群落可能存在研发创新的引爆点。

可以说，组织网络分析不仅仅是一门方法论，更是带着系统思考基因的管理新思维。它敦促我们走出传统的"英雄主义"或"精英主义"误区，更多地看到隐藏在日常运作背后的关系脉络。企业唯有深谙组织网络分析之道，才能在复杂多变的商业环境下兼顾运作效率与创新活力。下一步，我们将聚焦那些能够量化组织网络整体特征的主要指标，结合典型案例，来探讨如何在实战中运用这些指标评估并提升组织效能。只有将个体的优势和网络结构的优势结合起来，企业才有可能在宏观层面搭建出兼具韧性与创造力的发展之路。

7.2　常见的组织网络指标及其组织意义

在之前的讨论中，我们强调，要想更全面地评估组织效能，不能只看某几个明星员工或部门的数据，而应当从整个组织的网络结构着眼，关注信息和资源在不同节点之间的流动情况。面对如此复杂的系统，管理者需要一些能够量化和可视化的工具来帮助诊断和决策，其中，网络密度、中心化、网络模块化以及平均路径长度被普遍认为具有较强的解释力与实践价值。本节将逐一探讨它们的概念与意义，并提供可视化的参考示例，帮助读者将理论运用于实际组织管理。

7.2.1 网络密度

网络密度是指在一个组织网络中,节点之间实际存在的联结与其理论上可能存在的所有联结之比。图 7-1 直观地展现了不同的网络密度。简单来说,在一个组织里,如果每个人(或团队、部门)彼此都有直接联系,那么网络密度就会相当高;反之,如果大多数人几乎不和其他人沟通、协作,那么网络密度就会很低,网络结构会呈现出一种稀疏的状态。网络密度越高,说明节点之间的沟通通路越多;网络密度越低,则代表节点之间缺乏直接的互联。

| 低网络密度
(网络密度≈0.3) | 中网络密度
(网络密度≈0.5) | 高网络密度
(网络密度≈0.8) |

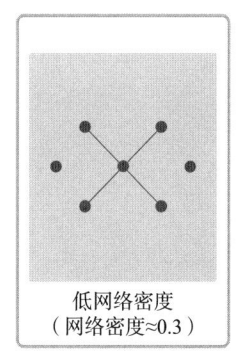

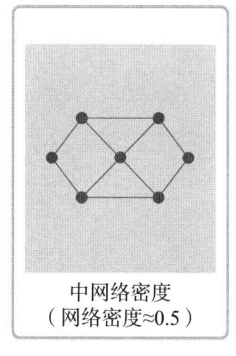

图 7-1 不同的网络密度示意

较高的网络密度意味着较快速的信息共享。新产品上线时,如果市场部能直接与研发部、客服团队保持紧密联系,那么关于用户反馈或技术改进的消息就能在最短的时间内在各个岗位间流动，组织反应速度也会相应提升。

但是，过高的网络密度也可能导致同质化和冗余沟通。例如，如果所有人都在同一个群组里讨论问题，听到的可能大都是相似的观点，很难激发多元思考，有时还会陷入大量重复信息的轰炸，降低工作效率。

因此在实践中，管理者需要把握平衡，既要确保关键节点之间有足够的联结，避免出现信息孤岛，也要留意网络是否过于密集导致沟通压力和群体思维。根据任务类型和组织阶段的不同，网络密度的理想状态也会有相应的变化，比如在创新头脑风暴时期可以适度增加联结，若进入严谨执行阶段则需要明确决策链条并适度缩小沟通范围。

7.2.2　中心化

另一个常被提及的指标是中心化，它衡量的是整个网络中联结的集中程度，可以根据整个网络中是否存在少数高度集中的节点（这些节点联结了网络中绝大部分的信息与资源流动）来判断。倘若一个组织的网络结构图中几乎所有的联结都指向或依赖某一个或几个"关键节点"，则说明该组织中心化程度较高；反之，如果节点间的联结相对分散，那么说明组织的整体中心化程度较低。图 7-2 展示了不同的中心化程度。

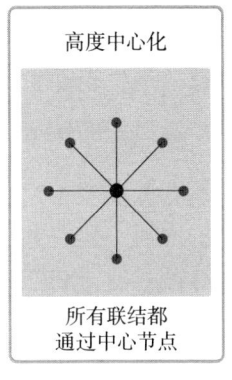

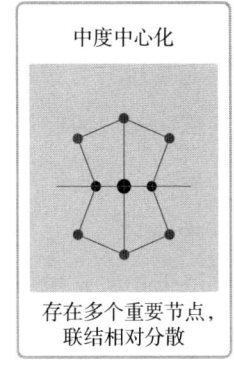

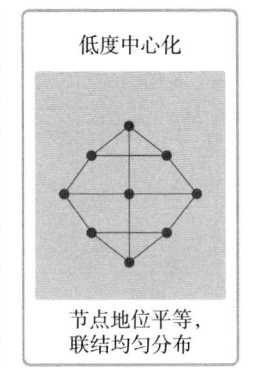

高度中心化	中度中心化	低度中心化
所有联结都通过中心节点	存在多个重要节点，联结相对分散	节点地位平等，联结均匀分布

图 7-2　不同的中心化程度示意

适度的中心化往往能带来较高的沟通效率。少数核心节点可以快速整合信息，并把决策或指令传递给其他节点，让组织在短期内更具执行力或能够更快速地应对突发状况。在企业面临外部环境的巨大变化时，一个拥有丰富资源和掌握决策权的领导者或团队能迅速推动全公司采取行动，避免内部过度讨论和推诿。

过度的中心化则会带来风险。当网络严重依赖于某几个关键节点时，一旦这些节点出现流失（如核心员工离职）或信息堵塞，就会导致整个网络运转出现瓶颈，甚至陷入瘫痪。更重要的是，过度的中心化也可能抑制自下而上的创新，因为大部分节点都处于被动位置，信息往往只在少数精英之间集中流动。

在管理实践中，适度的中心化既有助于确保决策清晰、行动迅速，但需要警惕对关键节点过度依赖。一些企业会刻意建立多中心结构，让不同部门或团队在相对独立的领域内拥有决策权、资源调动能力，避免所有问题都堆积到某一条指令链上。此外，鼓励跨部门节点之间自主沟通、建立共享平台也能在一定程度上降低中心化所带来的信息滞留与决策风险。

7.2.3　网络模块化

网络模块化反映的是组织中是否分化出了相对独立的"群落"或"社群"。如果某些节点之间联系紧密，而它们与网络中其他节点的联系很少，那么就会形成一个相对独立的群落。模块化程度越高，往往就意味着"圈子"越明显，各群落之间的交互越少；模块化程度越低，说明网络整体更趋于融合，群落之间有着相对紧密的交流和资源流动。图 7-3 展示了不同的网络模块化程度。

在大型组织里，经常会看到不同部门之间协作较少的现象，甚至会存在严重的"部门墙"现象——研发团队把自己封闭在内部的小圈子里，市场或销售团队对研发的进展一无所知，行政、财务、后勤等支持部门被视为边缘服务部门，与业务部门之间没有足够的信息互通。如果网络模块化程度偏高，就能直观地看到这些信息孤岛。

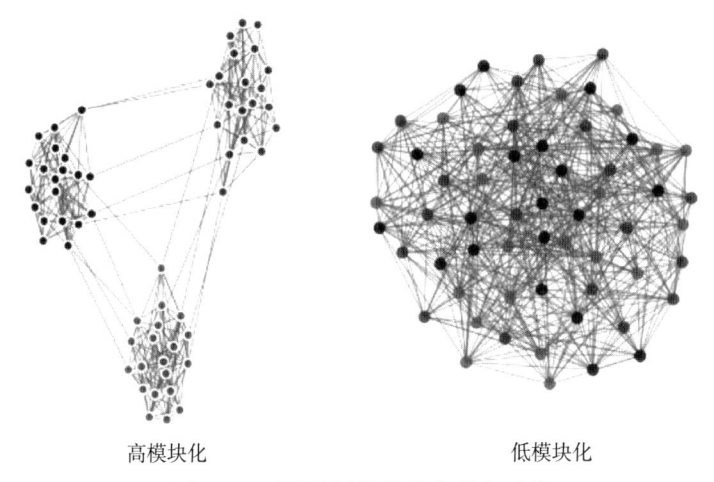

高模块化　　　　　　　　　　低模块化
图 7-3　不同的网络模块化程度示意

适度的模块化则有一定的好处。专业部门内部往往需要进行高频、深入的交流，以确保专业知识能得到不断的打磨和沉淀，如果完全没有"群落"的划分，容易导致专业深度不足。但如果群落间几乎没有桥梁或节点，企业在进行产品创新、跨部门协作时就会面临巨大挑战。管理者可以通过跨部门项目或信息共享平台来平衡群落内外的沟通频率，让专业知识的深化与协作并行不悖。

7.2.4 平均路径长度

我们用平均路径长度这一指标来衡量网络中任意两个节点之间的距离，即两个节点需要经过多少个中间节点才能互相联通。一个组织如果层级过多、流程过于复杂，员工之间需要辗转好几道审批或中转好几次才能获取关键信息，那么该组织整体的平均路径长度就会变得很长。反之，如果组织结构扁平或在关键岗位上设置了高效的沟通桥梁，两个员工可能只要一两次跳转就能直接接触，那么组织的平均路径长度就会相对较短。

在一个平均路径长度较短的组织网络中，信息交流和资源调度都更为顺畅，决策效率也会显著提升。很多初创公司因为组织规模小，创始人与一线员工通常只需建立一个群聊或共同参与一次会议便可快速达成共识。

对已成长到中大型规模的组织来说，如果发现平均路径长度过长，往往意味着内部沟通的节点或审批环节太多。此时管理者需要反思是否可以简化部分决策流程，或通过设置跨部门协调人员来缩短消息传递的链条长度。在并购或重组时，如果新团队与原来的组织几乎没有自然的联结，则两者之间的距离可能会十分长，影响整合效率。通过培养桥梁人物，企业可有效缩短平均路径长度，增强协同与凝聚力。

7.3 组织网络指标与组织效能的关联：研究与实践

我们已经深入探讨了网络密度、网络模块化及平均路径长度等关键指标，了解了它们如何反映组织内部的信息流动与协作模式。只了解这些指标本身还不够，关键在于如何将这些指标与实际的组织效能联系起来，从而为管理决策提供科学依据。通过具体的研究案例与实践经验，我们可以更直观地看到组织网络指标如何影响组织的能力、效率和创新，并从中汲取有价值的管理启示。

7.3.1 沟通网络和团队绩效：来自麻省理工学院的研究证据

麻省理工学院媒体实验室的 Alex "Sandy" Pentland 教授及其团队开展了一项开创性的研究，旨在深入理解团队内部的沟通网络与团队绩效之间的关系。这项研究的独特之处在于其创新的方法——电子胸牌技术，这些胸牌能够实时记录团队成员之间的面对面互动的频次与模式，而不涉及具体的对话内容。通过捕捉语调、身体语言等微妙的非语言信号，研究团队能够绘制出详细的沟通网络图谱，全面量化分析团队内部的互动状态。

该研究的研究对象涵盖多个行业的企业，从初创公司到跨国企业，确保了研究结果的广泛适用性。每位参与者都会佩戴电子胸牌，从而持续监测其在工作环境中的互动情况。Pentland 教授的研究揭示了团队的沟通网络对整体绩效的深远影响，其影响甚至超越了个体的专业能力与经验的影响。具体而言，研究发现高绩效团队的沟通网络普遍具有以下两个关键特征。

第一是轮流。

高绩效团队往往呈现出一种高频次、双向流动的沟通状态，具体体现为成员之间的轮流交流机制。这并不意味着每个人必须发言，而是指团队内存在来回互动、及时响应的沟通惯例，由此便形成了信息高度流通的高密度网络。这种轮流的互动模式强化了协同效应，有助于多元观点的快速整合与创新火花的迸发。

第二是平等。

高绩效团队的沟通网络呈现出高度的去中心化特征，即信息流中的每位成员的地位都相对均衡，而非由个别成员主导信息传递。这种平等的沟通模式意味着信息传递不依赖于少数关键节点，团队成员能够在多个方向上发起和接收沟通，增强了系统的韧性与适应性，也为群体决策创造了更加公平开放的环境。

这两个特征分别对应组织网络的两个关键指标：轮流体现出交互网络的高网络密度，频繁的信息交换促进了团队的快速学习与持续创新；平等则反映了网络的去中心化特征，即信息与资源在成员之间的分布较为平均。

麻省理工学院的研究为组织管理提供了宝贵的启示，特别是在优化团队沟通网络方面。

重视非正式沟通的价值。非正式的面对面互动，如短暂的茶歇对话或非结构化的讨论，是信息快速流动和创意碰撞的源泉。组织应通过设计开放式办公空间、设立休息区或定期举办社交活动，创造更多这样的互动机会，鼓励员工自由交流，促进信息的自然流动。

打破部门壁垒，促进跨部门交流。定期举办跨部门会议或工作坊，鼓励不同团队之间的交流与合作，能够有效提升整体绩效与创新能力。这不仅有助于信息的快速传递，还能促进不同专业知识的融合，激发新的创意。

培养轮流与平等的沟通文化。高效的团队沟通网络往往具备轮流与平等的特征，即每个成员都有机会发言和参与讨论。这种去中心化的沟通模式不仅提升了信息流动的效率，也增强了团队的凝聚力与创新能力。亚马逊的会议文化便是一个典型案例。

7.3.2　实践案例：亚马逊的会议文化

亚马逊的会议文化为我们展示了一个独特的组织网络运作模式，它通过两个关键机制——无声会议制度和双比萨团队结构来优化团队沟通效率。

无声会议制度

亚马逊采用"六页纸备忘录"的无声会议模式，参会者在会议开始时要先默读详细的书面材料。这种做法与团队网络研究的发现高度吻合。通过设置强制的阅读时间，每个参与者都能充分接收和处理信息，这避免了传统会议中信息传递不均衡的现象。这种方式促使每个人在会议中做好准备，发言更具针对性，从而提升了整体会议效率和决策质量。

无声会议体现了低中心化的组织网络特征。通过阅读结构化的书面材料，每个成员都能在同一信息基础上进行思考与准备，减少了对少数发言者的依赖。讨论过程围绕备忘录内容展开，每位成员的观点都被平等对待，营造了信息共享和全员参与的氛围，体现了平等的沟通文化。

虽然会议开始阶段以默读为主,参与者彼此之间并不交流,但这为后续高质量、高频率的信息交流奠定了坚实的基础。通过统一的信息输入和充分的个人思考准备,成员能在讨论环节快速进入状态,围绕关键内容展开紧凑而有深度的回应与交流,促成了轮流发言的高效循环。这种有序的交互提升了沟通密度和响应速度,使得每位成员都能成为信息流动的主动参与者,体现了组织网络的高密度特征。

双比萨团队结构

亚马逊的双比萨团队的规模设计(6~8人规模,一般不超过10人)直接体现了对沟通效率的追求。这种规模设计使团队成员之间能够保持高频率的直接互动,减少了沟通中的信息损耗。从产品构思、设计、开发、测试到部署和维护的全过程,每个团队都全权负责,从技术选择、资源分配,工作流程设计到客户沟通,每个团队都拥有全面的决策自主权,这让团队能够快速决策和行动,降低了跨部门协调的复杂性和时间成本。

双比萨团队结构表现出高密度、低中心化的特点。团队规模控制在6~8人,这个规模不仅保证了沟通的密度,使得每个成员都能够积极参与和贡献力量,还避免了团队过大而导致的沟通冗余。小规模团队确保了信息流动的顺畅性,明确的责任边界减少了跨团队协调成本,扁平的组织结构缩短了决策链条，使得信息传递更加高效，决策更加迅速。

这些特点与 Pentland 教授的研究发现高度契合。亚马逊的实践证明，通过精心设计组织机制，能够构建出高效的团队网络结构，从而显著提升整体绩效与创新能力。

7.3.3　某连锁医美企业的实践案例

在某连锁医美企业中，不同门店的店长、员工与总部之间构成了不同的动态网络。研究发现，那些员工之间经常交流经营心得、相互分享问题解决方案的门店，更能保持业绩稳定并具备持续成长的潜能。相反，内部彼此隔绝、互相防备的门店，虽然在短期内独立运转可能没什么问题，但从长远看却无法在市场变化中有效地互通有无，错失了许多学习与协同的机会。

有时，企业会惊讶地发现，某些高层级的部门在网络中实际上处于边缘位置，几乎与其他部门没有深入联系；而一些看似边缘的团队，却在各种跨部门项目中起到了枢纽的作用。这种现实与组织结构图形成的反差，往往揭示了企业内的隐藏矛盾，同时也预示着潜在的改进方向。若能对组织网络指标进行持续监测，比如观察中心度最高的节点是否随时间显现了疲态，或看跨部门联结是否趋于多样化，就能让管理层对企业的健康状况做出更精准的判断。

该连锁医美企业在国内设有多家门店，但各门店之间的经营环境和人员结构存在显著差异，导致整体利润差异巨大。企业管理层直观地感受到，店长在门店经营与团队协作中扮演着举足轻重的角色。然而，传统的绩效评估方法仅仅关注店长的经验和背景，并未发现明显的绩效提升规律。为了深入理解店长对门店利润的影响力，企业决定采用组织网络分析，量化并优化门店的沟通网络结构。

企业首先对各门店的日常工作流程及人员沟通方式进行了系统的组织网络分析。具体包括以下步骤。

- **数据收集**　通过查看调查问卷和内部沟通记录，收集各门店员工之间的互动数据，包括店长与员工之间、员工与员工之间的沟通次数和协作频率。
- **网络构建**　将收集到的数据转化为组织网络图，节点代表员工或部门角色，边则代表他们之间的互动关系。
- **指标计算**　重点计算网络密度和中心化程度，以评估各门店的沟通密集度和店长在网络中的位置与作用。
- **绩效关联分析**　通过统计分析，将组织网络指标与门店的利润数据进行关联，确定两者之间的关系。

图 7-4 展示了高利润门店和低利润门店的组织网络示意图。

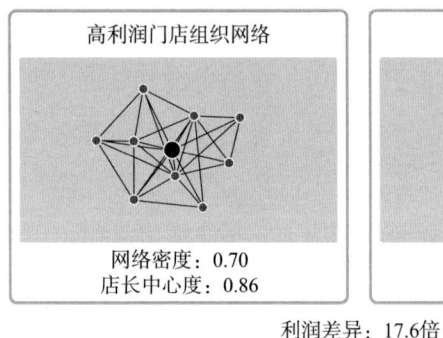

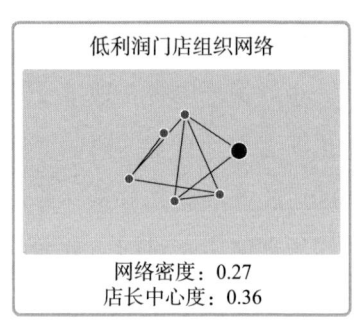

高利润门店组织网络	低利润门店组织网络
网络密度：0.70 店长中心度：0.86	网络密度：0.27 店长中心度：0.36

利润差异：17.6倍

图 7-4　高利润门店和低利润门店的组织网络示意图

高利润门店的网络密度高达 0.70，这表明门店内员工之间有大量的互动和协作，信息和资源能够快速流动。同时，店长的正式职位与其在网络中的中心度高度匹配，店长与各岗位之间的联系紧密，能够高效调动总部资源。这种高网络密度和良好的职位—网络中心度匹配确保了信息流动的均衡性和多元化的思维碰撞，使得门店在关键时刻能够迅速动员各方力量，实现利润增长。

相比之下，低利润门店的网络密度仅为 0.27，这表明门店内员工之间的互动和协作较少，信息和资源流动受阻。店长的正式职位与其在网络中的中心度匹配度较低，店长与其他职位的联系较少，无法有效整合资源和信息。这种低网络密度和不佳的职位—网络中心度匹配结构导致沟通不畅，信息流通缓慢，跨职位协作不足，影响了门店的盈利水平。

如图 7-5 所示，回归分析进一步表明，店长在网络中的中心度可以解释约 26% 的利润差异，说明高中心度的店长对门店利润有显著的正向影响。

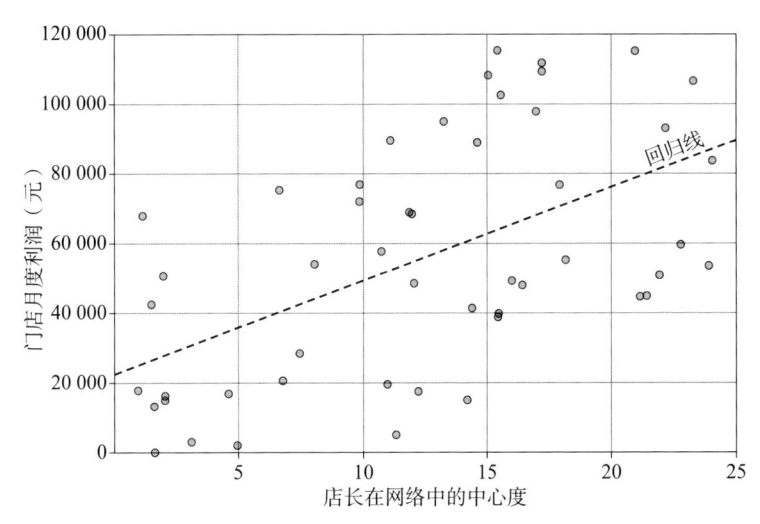

图 7-5　店长在网络中的中心度和门店利润回归分析

通过这一案例，企业管理层获得了宝贵的洞察，认识到网络结构对门店绩效的重要性。具体来说，有以下三点启发。

第一，识别并强化关键节点。高中心度店长的培养至关重要。通过组织网络分析，企业能够识别出那些在网络中具备高中心度的店长，并对他们进行进一步的培养与激励，使其能够更有效地联结团队，推动信息流动和资源整合。此外，赋能跨部门沟通者也很关键，培养能够跨越不同职位和部门的沟通节点，可以促进信息和资源的自由流动，减少对单一节点的依赖。

第二，提升网络密度与平等性。培养全员参与的沟通文化对于提升网络密度至关重要。通过定期组织团队会议、工作坊或社交活动，鼓励所有员工积极参与信息传递与讨论，确保信息流动的均衡性和多元化。同时，建立开放的沟通平台，如利用内部社交工具或协作平台，增加员工之间的互动频次，进一步提升整体网络密度。

第三，打破信息孤岛，优化协作路径。设立跨部门项目组可以有效打破传统的部门壁垒，促进不同部门之间的协作与知识共享。此外，简化决策流程也是优化协作路径的重要手段，优化内部决策链条，减少信息传递的中间环节，可以确保关键信息快速传达到需要的岗位。

7.4 利用组织网络分析诊断和打破部门墙

在当今复杂多变的商业环境中，许多企业面临着部门墙的问题。组织网络分析，特别是对网络模块化指标的分析，可以帮助企业识别并打破这些隐形的隔阂，从而优化整个组织的网络结构。

作为全球知名的科技巨头，微软的组织网络分析案例展示了企业如何利用数据识别和防范部门墙，为我们提供了宝贵的启示。微软的做法不仅揭示了内部沟通的真实状况，还为其他企业提供了可借鉴的成功经验。

微软曾经有段时间部门间协作不畅，饱受部门墙问题的困扰，不同产品线各自为政，信息与资源在部门之间流动严重不畅。这种现象不仅阻碍了跨部门的知识共享与协作，还使得整体创新步伐缓慢，市场响应迟钝，影响了微软在激烈的竞争中的表现。

为了解决这一问题，微软与多所大学合作开展了一项大规模的组织网络分析研究，特别关注了新冠疫情对内部沟通网络结构的影响。这项研究通过分析庞大的电子邮件和数字协作数据，揭示了疫情对组织内部的沟通模式的改变。

这项研究分析了超过 3600 亿封电子邮件，覆盖全球 4361 个组织，涉及 14 亿个电子邮件账户，时间跨度为 2019 年至 2020 年。研究团队利用微软的工作场所分析工具，收集了包括电子邮件交换、消息交流、共享会议和 Teams 频道参与等数字协作数据。研究发现了两个重要的组织网络特征变化。

一是模块化程度提升。疫情期间，组织内部形成了更明显的小群体，员工倾向于在定义明确的工作组内进行沟通，与工作组外的偶然性互动显著减少。这种现象导致组织网络的模块化程度显著提升，信息和资源更加集中在特定的小群体中。

二是群体稳定性下降。各个"筒仓"内部的成员构成变得更不稳定，员工在不同子社群（工作组、团队或职能领域）之间的流动更加频繁。这种动态性在远程办公常态化后仍然在持续，组织内部的沟通模式变得更加灵活但也更加分散。

尽管整体组织变得更加"筒仓化"，研究发现"筒仓"内部的沟通反而变得更加密集。这表明，失去了面对面互动的机会后，员工减少了与核心工作圈之外人员的沟通，但增加了与工作相关的团队成员之间的交流。这种现象显示出在远程办公的情况下，员工会通过强化内部沟通来弥补外部沟通的不足。

为了有效打破部门墙，微软采取了多项策略。首先，微软识别并赋能那些能够跨越不同部门的关键人物，培养他们成为跨部门沟通节点，鼓励他们在各自的领域之间建立桥梁，促进信息与资源的流动，打破部门之间的隔阂。其次，微软成立了跨部门的项目团队，推动不同产品线之间的合作与协同。这些项目团队的成立不仅促进了知识的共享，还显著提升了整体的创新能力，使各部门能够共同应对市场变化和技术挑战。最后，微软还将跨部门协作纳为绩效考核的重要指标，激励员工积极参与跨部门的沟通与合作。这种考核机制不仅鼓励员工主动分享信息，还促进了不同部门之间的协同工作，确保信息在整个组织内顺畅流动。通过这些综合措施，微软成功降低了网络的模块化程度，增强了部门间的协作与信息共享，从而推动了整体创新能力和组织效率的提升。

此外，研究还表明，尽管组织整体变得更加"筒仓化"，但通过增加内部沟通密度，微软能够在特定团队内维持高效的信息流动和协作。这一发现强调了在远程办公环境下，组织需要在保持团队的专注度的同时，建立适当的跨部门协作机制，以平衡网络模块化带来的优势与潜在的沟通隔阂。

7.5　组织网络与创新力：从"小世界"到"大火花"

在企业的成长过程中，我们常常看到两种截然不同的目标。短期内，企业的关注点通常是效率——如何快速响应市场、提高生产力、压缩成本；长远来看，企业的成功依赖于创新力——如何不断推出突破性的产品、开创新的商业模式，保持在竞争中的领先地位。

许多企业，尤其是高科技行业的企业，深知创新力是企业长期发展的命脉。然而，真正能够持续创新的企业并不多。即使拥有顶尖的科技人才和充足的资金支持，许多企业仍然无法在激烈的市场竞争中脱颖而出。那么，**什么样的企业真正具备创新力呢？**

聘用聪明的人就能拥有创新力吗？很多企业为了吸引顶尖人才，不惜重金招聘名校毕业生，力求打造一支年轻且富有活力的团队。但单纯依靠年轻化的员工和高学历的聪明人，真的能保证企业具备创新力吗？事实显然并非如此。

实际上，虽然年轻且富有活力的团队可以推动创新，但创新的源泉远不止于此。想想看，为什么硅谷能在全球范围内源源不断地进行创新，即使很多创业公司并不拥有世界级的天才团队？关键在于，硅谷不仅拥有人才，更拥有一个能够促进创意和资源流动的组织网络。也就是说，组织的网络结构才是决定创新能否爆发的真正关键。

不论是单个企业内部，还是一个地区的创新生态系统，网络结构对创新来说都至关重要。网络中的信息流动、资源共享以及人才的跨界互动，往往决定了创新的效率和质量。如今，随着组织网络分析工具的发展，企业可以更加清晰地了解自己内部的网络结构，识别出潜在的创新瓶颈，并通过优化结构来提升创新力。通过这种方式，企业不仅能够更好地激发员工的创造力，还能提升整个组织的灵活性和反应速度。

7.5.1　小世界网络：硅谷的创新密码

硅谷是世界级的创新、创业中心，很多创新产品都是从硅谷这个独特的环境中孕育出来的。硅谷的创新生态系统并不是由单一的技术或单个行业构建起来的，而是由一个高度互联的小世界网络构成的，这种网络结构让每一位创业者、投资者、技术专家和顾问都可以很快地联结到彼此。

那么，什么是小世界网络？它为何能成为创新的催化剂？

小世界网络是一个由数学家和社会学家共同研究出来的网络模型，最早由社会学家斯坦利·米尔格拉姆提出，并由后来者进行了进一步的完善。简而言之，小世界网络指的是在一个庞大的社会网络中，虽然节点数量巨大，但节点之间的平均路径长度却非常短。换句话说，任何一个节点都能通过少数几步"跳跃"到网络的另一端。图 7-6 为低小世界网络特征和高小世界网络特征的组织网络的示意图。

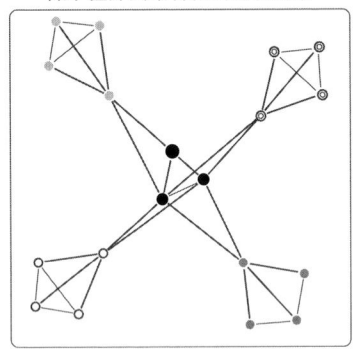

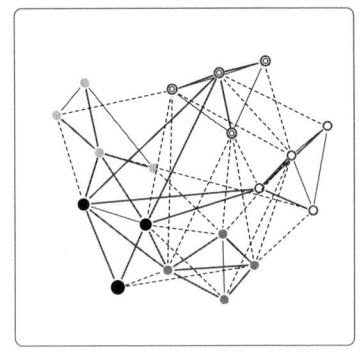

低小世界网络特征的组织网络　　高小世界网络特征的组织网络

● 高管团队　● 研发部门　● 市场部门　○ 生产部门　◎ 人力资源部门

图 7-6　低小世界网络特征和高小世界网络特征的组织网络示意图

注：图中实线代表正式、稳定的组织关系联结，虚线则代表非正式或临时性的协作联结。

小世界网络具备两个关键特征：

- **局部聚集性**　即在一个小范围内，节点之间的网络密度非常高。比如，同一个团队或同一个领域内的成员通常彼此熟识，可以进行高效的沟通与协作。
- **短路径效应**　即大多数节点之间的路径长度非常短，信息从一个节点流动到另一个节点的时间非常短，沟通成本低，效率高。

小世界网络十分有利于推动创新，尤其是当创新依赖于多元化想法的碰撞与跨界资源的整合时。这种网络结构为创新者提供了一个高效的互动平台，使他们能够迅速接触到不同领域的技术、思维方式和商业资源，并将这些多样的元素转化为实际的创新成果。研究表明，小世界网络的特征恰恰符合创新的本质需求。

席林和费尔普斯的研究发现，具有小世界网络特征的公司，其专利申请的成功率明显高于其他公司。纽曼对科学合作网络的研究发现，学术界的合作网络呈现出典型的小世界网络特征，其中少数关键的超级联结者充当了不同研究领域之间的桥梁，显著缩短了研究者之间的沟通距离，从而促进了跨学科知识的传播与整合。在创意产业中，乌西和斯皮罗的研究证实了小世界网络对于创作的独特作用，他们发现，具备小世界网络特征最有利于创意和商业成功。

总的来说，小世界网络通过提高信息流动效率、加强跨界合作和加速资源共享为创新提供了强大的支持。这种网络结构不仅能让不同领域的想法在短时间内汇聚到一起并相互碰撞，还能迅速推动这些想法转化为具有市场价值的创新成果。

7.5.2 竞业禁止协议禁令：硅谷的秘密武器

硅谷的创新不仅得益于其小世界网络结构，还与加州独特的法律环境密切相关。其中，最为关键的一项法律便是竞业禁止协议禁令。在美国许多个州，企业要求员工签署竞业禁止协议，要求员工在离职后的一定时间内不得加入竞争对手的企业。然而，在加州，竞业禁止协议几乎被视为非法协议，这种政策为硅谷的创新和知识流动创造了有利条件，进而促进了小世界网络的形成。

这一点在美国区域经济学者安纳李·萨克森尼安的经典著作《区域优势：硅谷与128号公路的文化和竞争》中得到了深刻的阐述。她指出，加州宽松的竞争禁止协议政策使得员工可以在不同公司之间自由流动。这种灵活性促进了技术的不断创新和行业知识的迅速传播。硅谷早期的许多科技巨头的创始人和领导者正是通过频繁的跳槽和技术交流推动了新公司的诞生和创新的飞速发展。

这里有一个经典的案例。威廉·肖克利在20世纪50年代创建了一家半导体公司，但因其管理风格严苛且专横，一批年轻工程师离职了。这些工程师们后成立了仙童半导体公司（Fairchild Semiconductor），这家新公司成为硅谷技术革新的催化剂。更为戏剧性的是，这些仙童半导体公司的创始人并没有止步于此，其中有两个人又跳槽出来，成立了英特尔，这两个人便是英特尔的核心人物戈登·摩尔和罗伯特·诺伊斯。

这种跨公司的人才流动，不仅仅是个人职业生涯的变动，它通过知识和技术的不断迁移和碰撞，推动了半导体行业的快速进步，并且巩固了硅谷作为全球科技中心的地位。

进入 21 世纪，硅谷继续延续这一人才流动的传统，在人工智能领域，硅谷这一模式的优势得到了更加显著的体现。例如，OpenAI 和 Anthropic 之间的人员流动便是一个经典的案例。OpenAI 的早期高管达里奥·阿莫迪和丹妮拉·阿莫迪离职后创立了 Anthropic，并迅速获得了巨额融资，包括亚马逊 40 亿美元的投资和谷歌 20 亿美元的投资。与此类似，DeepMind 的创始人之一穆斯塔法·苏莱曼离开 DeepMind 后与雷德·霍夫曼、卡伦·西蒙尼扬共同创办了 Inflection AI，并在短短一年内获得了 13 亿美元的融资。

那么，为什么人才的自由流动可以有效支持创新？原因主要分为三个方面。

首先，跨组织的知识转移。当一位工程师从一家公司跳槽到另一家公司时，他不仅带走了显性知识（如技术方案和产品设计），更带走了隐性知识（如问题解决思路和组织文化理念）。这种人才迁移使得专业知识能够突破组织边界，在更广泛的范围内传播和应用。

其次，多元信息的整合与重组。小世界网络的特征使得来自不同领域的信息能够通过少数关键节点（如经验丰富的连续创业者或活跃的投资人）快速汇聚。这些关键节点充当信息枢纽，将原本分散在不同行业和技术领域的知识进行整合与重组，催生出跨界创新的可能性。

最后，创新资源的高效配置。在硅谷这样的创新生态系统中，小世界网络的特性使得创业者能够通过较短的路径接触到关键资源，如风险投资机会、技术专家和市场渠道。这种高效的资源配置显著降低了创新的时间成本和试错成本，加速了从创意提出到实现商业化的全过程。

7.5.3　如何在企业内部构建小世界网络

硅谷之所以能够孕育出源源不断的创新，除了得益于其小世界网络的结构外，还与独特的法律环境和组织文化密切相关。对许多企业而言，复制硅谷模式的成功经验并非易事，但通过构建适应性空间（adaptive space），可以为组织创造一个支持创新和跨界合作的环境，从而促进小世界网络的形成，加速创新的落地。

适应性空间指的是组织内一个允许创新和试验的"自由空间"，它能够打破传统的职能和部门壁垒，让员工在探索和执行之间找到平衡。适应性空间不仅仅是一个物理空间，更是一个社会互动的环境，它允许员工自由跨界合作，进行知识共享和技术创新。例如，通用汽车在实施 GM2020 计划时，就通过构建基层驱动的适应性空间，鼓励员工提出创意并快速验证，从而帮助公司保持灵活性，推动新的商业模式和技术的落地。

企业如何通过构建适应性空间来促进小世界网络的形成呢？首先，设立创新实验室是非常有效的手段。通过设立专门的创新实验室，企业为员工提供了一个可以自由探索和测试新技术、创意的空间。这不仅可以帮助员工进行试验，还能促进跨部门、跨领域的协作。例如，谷歌的 X 实验室便是一个典型的成功案例。这个实验室将自身项目统称为"登月计划"，其宗旨是让团队成员敢于进行大胆的技术探索，如对自动驾驶、无人机等项目的探索。这种开放式的创新环境让谷歌始终走在技术的前沿，并推动了多个革命性产品的诞生。

除了创新实验室，黑客马拉松也是一个非常好的工具，能够帮助企业通过短时间内的高密度创意碰撞快速推动新想法的生成和原型的验证。通过这种活动，来自不同部门和背景的员工会汇聚起来，打破传统的部门壁垒，进行跨界合作，带来意想不到的创新成果。微软通过定期举办黑客马拉松，不仅提高了员工的技术水平，还促进了多个创新项目的快速孵化。这些活动不仅能激发员工的创造力，还能加速新产品的开发，使公司始终保持对市场变化的敏感。

此外，企业内部的实践社区也在构建适应性空间中发挥着重要作用。实践社区为员工提供了一个自由分享和学习的环境，通过定期的交流，团队成员能够共享技术经验和最佳实践，促进知识的流动和创新。Salesforce 通过建立不同技术领域的实践社区，帮助员工快速获取行业的前沿信息，并通过跨部门的合作将这些信息转化为实际的产品和解决方案。这样的社区不仅仅是技术人员的交流平台，它们还促进了员工的自我成长，推动了公司的创新。

为了进一步打破传统的沟通壁垒，企业还可以采用开放空间技术。这种基于参与式会议的模式鼓励员工自由提出议题、组织和参与讨论，并集思广益，寻找解决方案。在这个过程中，不同职能的人员能够不受传统会议框架的限制自由地交流和碰撞，促进跨部门、跨领域的创新。例如，Zappos 通过开放空间技术组织员工进行主题讨论，极大地激发了员工的创新思维，并推动了多项业务和产品的改进。

随着数字化技术的发展，建立线上协作平台和开放社区成了现代企业构建适应性空间的重要手段。通过搭建跨公司、跨地域的在线平台，企业可以鼓励员工与外部专家和同行进行知识共享和合作。像 GitHub 和 Stack Overflow 这样的平台就成了全球开发者的交流和协作空间，员工可以通过这些平台获得灵感和技术支持，并将外部的创意带回公司，推动内部创新。这种全球范围的跨界合作不仅拓宽了企业的视野，也促进了更加多元化的创新成果的取得。

在构建适应性空间时，企业应当注重灵活性和包容性。借助创新实验室、黑客马拉松、实践社区、开放空间技术和线上协作平台等，企业能够为员工提供更多的创新自由和跨界合作的机会，从而加速技术的落地和知识的传播。通过这种方式，企业不仅能激发员工的创造力，还能形成一个不断自我更新和进化的创新生态系统。

总的来说，适应性空间为企业提供了一个灵活的创新平台，它不仅能在组织内部促进知识的流动和跨部门的协作，还可以加速技术创新的落地。通过实施以上措施，企业能够有效地推动小世界网络的形成，并为下一轮的颠覆性创新奠定基础。

7.6　小结

传统的绩效评估聚焦于单个个体的表现，但在面对日益复杂的市场环境时，单靠个体的努力往往无法解决跨部门协同、信息流动、创意激发等核心问题。换句话说，一个组织的成功不取决于"谁做得好"，而是取决于"整个网络如何协同工作"。我们需要从组织网络的整体结构、动力学及其运行机制入手，重新定义和评估组织的能力、效率和创新。

- 组织应视为由"节点"（个体或团队）和"边"（信息流动、资源互换等联系）构成的网络，整体网络结构和节点间的互动决定了组织效能。真正的组织的能力不仅仅依赖个体技能，更需要能够有效联结正确的资源和信息的网络结构。
- 常见的组织网络指标包括网络密度（信息流动的紧密程度）、中心化（决策权和信息流向是否依赖少数节点）、网络模块化（是否存在信息孤岛）、平均路径长度（信息传递的效率）。
- 较高的网络密度有助于快速的信息共享，但过高的网络密度可能导致同质化和冗余沟通；而密度过低则可能导致沟通不畅。适度的中心化可以提高决策效率，但过度中心化会造成信息堵塞和创新受限。
- 网络模块化程度揭示了部门之间的沟通与协作情况，适度的模块化有助于专业知识的深入，但过度模块化会导致部门墙，影响跨部门合作。
- 平均路径长度较短的组织网络能提升决策速度和效率，而平均路径过长则意味着组织内部层级复杂，效率低下。
- 小世界网络中节点之间的网络密度非常高，且大多数节点之间的路径长度非常短。这样一来，组织的沟通与协作便十分高效。
- 构建小世界网络可以促进创新。创新往往源自不同领域或不同部门的知识碰撞，小世界网络能够通过打破隔阂、缩短部门间的距离提高跨部门协作和信息流通，增强组织的创新能力。

第 8 章

智能组织：技术赋能与人文关怀的平衡

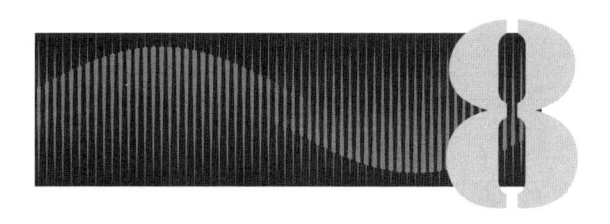

8.1 生成式 AI 赋能智能组织

8.1.1 中小企业数字化的困境

想象这样两个场景。

在一家世界 500 强企业里,一支十几人的数据分析团队正在处理最新一季度的销售数据。他们有数据科学家,有行业专家,还有专门的可视化工程师。大屏幕上实时更新的是数据仪表盘、精美的分析报告、各种高级的统计模型,这就是人们印象中的"数据驱动的决策"。

而在另一家年收入 3 亿元的制造企业里,销售总监小张正对着 Excel 表格发愁。"我们也知道数据很重要,但是看着这些数字,实在不知道从何下手。"他面前的表格里记录着过去两年的销售数据、客户反馈,还有一些简单的市场调研结果。"每次开会,大家都在说要数据驱动,要用数据说话。可是真正要从数据中得出洞见,却总觉得差了点儿什么。"

这就是当下大多数企业的真实处境。数据驱动的决策仿佛只有大企业才能做到。

"并不是我们不重视数据，"小张说，"但要建立一个专业的数据分析团队，对我们来说实在是太奢侈了。请咨询公司吧，费用动辄几十万元；招数据分析师吧，一个人的年薪就要 30 万元以上。更何况，就算投入这些资源，我们的管理者们真的能看懂那些专业的分析报告吗？"

"数据就在那里，但就是看不懂，用不好。"这句话道出了很多企业的无奈。

尽管大企业乃至一些中小企业已经积累了大量的数据，但在实际应用中，仍然面临诸多挑战。首先，缺乏专业的数据分析人才和相关技能，使得企业难以高效地处理和解读数据。其次，复杂的分析工具和高技术门槛让许多企业望而却步，无法轻松上手数据分析。此外，高昂的投入成本进一步限制了企业向数据驱动转型的可能性。这些困难不仅阻碍了企业充分利用数据提升竞争力，也使得数据驱动的管理在许多组织中依然显得遥不可及。不过，生成式 AI 的不断发展为企业的数据驱动之路带来了新的曙光，这些传统的障碍有望被逐步突破。

8.1.2 生成式 AI 的平权效应

正当中小企业在数据驱动的管理上苦苦挣扎时,生成式 AI 的崛起如同一场及时雨,正在彻底改变这一局面。生成式 AI 不仅让先进的分析工具变得触手可及,还通过其独特的优势打破了传统的数据分析壁垒,使得数据驱动的管理不再只有大企业才能做到。

回到小张的故事,某天他在一次行业交流会上结识了一位来自科技公司的朋友。这位朋友向他推荐了一款生成式 AI 工具,并声称这款工具可以像专业数据分析师一样,帮助企业解读数据。起初,小张半信半疑,但出于解决问题的迫切需求,他决定尝试一下。

通过简单的注册和几步设置,小张便开始使用这款生成式 AI 工具。无须组建庞大的算法团队,也无须掌握复杂的编程知识,只需用自然语言提出问题,AI 便能快速完成数据分析任务。例如,在他输入"最近哪些产品的销售情况不太对劲?"的问题后,AI 迅速生成了一份详细的报告,指出 A 系列产品在南方市场的销量下滑,并具体到各个地区的销售数据。完成这一切只需几分钟,几乎不需要任何专业技能。

使用生成式 AI 分析数据不仅降低了技术门槛,也大幅降低了成本。传统的数据分析工具往往需要高昂的订阅费用或一次性购买成本，对中小企业来说，这是一个不小的负担。而如今，许多生成式 AI 平台提供了灵活的按需付费或订阅服务，使得中小企业无须进行大规模的前期投资即可享受 AI 带来的便利。

数据驱动的管理核心在于进行有效的数据分析和从数据中发现管理洞见，但这两个环节通常面临专业壁垒和高成本。传统的数据分析需要相关人员拥有深厚的统计学背景、高超的编程技能以及专业的数据处理能力，这对缺乏相关人才的中小企业来说无疑是一个巨大的障碍。此外，对数据结果进行解读并从中发现有价值的洞见同样需要经验丰富的专业人士。

让我们具体看看生成式 AI 究竟带来了哪些根本性的改变。

降低专业门槛：从"听不懂"到"能对话"

在传统的数据驱动的决策中，管理者面对的通常是复杂的专业术语和烦琐的分析报告，难以真正理解和应用这些数据。例如，"ROI 增长了 15.6%，客单价提升了 12.3%，转化率上升了 8.7 个百分点"……当数据分析师滔滔不绝地报告这些数据时，很多管理者其实内心是茫然的。不是数据不重要，而是这些专业的分析方式离日常决策太远了。

生成式 AI 改变了这一切。它最大的特点是能用"人话"来进行交流。比如，一位销售经理可以直接问："最近哪些产品的销售情况不太对劲？"AI 会回答："A 系列产品最近三个月的销量在持续下滑，特别是在南方市场。具体来说，广州地区的下滑最明显，从原来的月均 100 台降到了现在的 60 台左右。这个下滑趋势从去年 11 月开始显现……"

这种对话式的数据分析有三个关键优势：

- 直观性　不需要先学习专业术语就能获取数据洞见。
- 互动性　可以随时追问，深入探索感兴趣的方向。
- 情境化　AI 会结合提问者的角色和背景，调整解释的方式。

提升响应速度：从"等报告"到"即问即答"

在传统的数据决策流程中，从提出分析需求到获得洞见往往需要经过漫长的等待。"有一次我们想分析一个新产品的市场表现，"一位产品经理回忆说，"从提出需求到拿到分析报告，整整等了三周。等我们终于看到分析结果的时候，其实已经错过了最佳的调整时机。"

生成式 AI 把这个过程压缩到了数分钟内。管理者可以随时提出问题，即时获得初步的分析结果，然后根据这些结果立即调整决策方向。这种"即问即答"的能力让数据分析从一个特殊的"项目"变成了日常工作的一部分。

从工具到思维的转变

上述两个变化叠加在一起推动了一个更深层的转变：数据分析不再是专业人士的"独角戏"，而是整个组织的"集体运动"。生成式 AI 不仅提供了强大的工具，更改变了人们的思维方式。正如一位企业负责人所说的："生成式 AI 最大的贡献不是让我们的数据分析变得更专业，而是让每个人都开始用数据思维来思考问题。当数据分析变得像'问搜索引擎'一样简单时，我们的决策文化也在悄然改变。"

8.1.3 借助生成式 AI 打造你的"氧气计划"

谷歌的"氧气计划"是数据驱动的管理的标杆案例。这个项目通过分析海量数据，识别出优秀管理者的关键行为，并建立起完整的管理者评估体系。然而，当我们把目光转向普通企业，特别是中小企业时，实施类似项目的难度就显而易见了：动辄数十人的专业团队、持续数年的跟踪研究、复杂的数据分析流程……这些都让许多企业望而却步。

很多企业尝试过直接照搬谷歌总结出来的优秀管理者的八项关键行为，但往往收效甚微，原因很简单：每个企业都有其独特的文化和需求，简单进行模仿难以产生真正的价值。关键在于如何用数据驱动的方式找到适合自己企业的管理之道。

让我们看一个生动的案例，这个案例展示了一位科技公司的创始人是如何通过与 AI 对话逐步构建起适合自己公司的"氧气计划"的。

"我们是一家 200 人规模的科技公司，"创始人敲下这行字，"但具体该如何构建我们自己的'氧气计划'，我还没有明确的思路。"

令他惊讶的是，AI 不仅理解了他的需求，更通过一系列引导性的问题，帮助他厘清了思路。当他提到创新能力、团队协作这些关键词时，AI 迅速与他展开了更深入的探讨，并最终给出了一个完整的框架图，如图 8-1 所示。

通过与 AI 的多轮对话，创始人逐渐意识到这不是简单的问答互动，而是一次真正的思想共创。AI 扮演的角色类似于经验丰富的管理咨询顾问，帮助他将抽象的管理理念转化为具体可行的方案。在这个过程中，一个包含 5 个系统性阶段的团队领导评估反馈体系框架逐渐成形，为后续的组织实践提供了清晰的路径指引。

图 8-1　基于生成式 AI 的团队领导评估反馈体系框架

从实践角度看，许多组织在落地这样的框架时往往会根据自身资源和需求进行适当简化。比如，可以将这个详细框架转化为3个核心环节：首先是"设计测评方案"，整合了框架中关于评估标准制定和评估工具开发的关键要素；其次是"从数据中挖掘洞见"，这一环节融合了数据收集与分析、试点与优化的精髓；最后是"从数据到行动，形成反馈闭环"，对应全面实施阶段，确保评估结果能真正转化为组织发展的动力。

（1）设计测评方案

"我们需要对管理者进行360度测评，但从哪里开始呢？"创始人望着空白的文档，陷入了思考。聘请专业咨询公司动辄数十万元的费用让这家处在成长期的科技公司望而却步，而公司内部又缺乏相关专业的人才。

就在他犹豫之际，他想起了AI助手。"也许可以试试看？"抱着这样的想法，他开始了新一轮的对话。

"我需要设计一个360度测评问卷，但我对组织行为学和心理测量学了解不多……"令他惊喜的是，AI立刻给出了回应，并与他展开了一场富有洞见的对话。首先，AI解释了360度测评的核心理念——通过多维度的反馈来全面评估管理者的表现。接着，AI开始引导他思考公司的具体需求："您的公司是一家科技类创业企业，公司的管理者最需要具备哪些能力？"

通过几轮深入的对话，创始人逐步明确了关键的评估维度，包括协作能力、创新驱动等。AI不仅帮助他梳理出了评估框架，还融入了心理测量学的专业知识，设计出了结构化的评分标准，给出了详细的行为描述。

最终，一份专业的测评问卷诞生了，这份问卷包含清晰的评估说明、科学的评分标准（1～5分量表）、完整的基础信息收集，以及精心设计的评估维度和具体行为描述。这份问卷不仅专业，而且完全契合公司的实际需求。

"但光有问卷还不够，"AI提醒道，"我们还需要考虑实施方案。"于是，创始人与AI又讨论了数据收集的方法、保密原则的设置、反馈的呈现方式等具体细节。

这个过程让创始人意识到：在AI的协助下，即使没有昂贵的咨询顾问，一家企业也能打造出专业的管理评估工具。AI不仅提供了专业知识的支持，更重要的是，它能够根据企业的具体情况，定制真正适用的解决方案。

（2）从数据中挖掘洞见

"测评数据收集完了，但这些数据到底能告诉我们什么？"HR 主管小刘看着 Excel 表格中密密麻麻的数据陷入了困惑。作为一名经验尚浅的 HR，她擅长组织和执行，但面对如此专业的数据分析任务，却感到力不从心。

这时，她想起了之前设计问卷时曾提供帮助的 AI 助手。"也许它能帮我厘清这些数据背后的含义？"抱着这样的想法，她开始了新一轮的对话。

"我们收集了 150 份 360 度测评数据，但不知道该如何深入分析……"

AI 的回应令她眼前一亮。首先，AI 引导她思考分析的框架，明确了几个关键问题：

- 哪些领导力行为与团队表现关系最密切？
- 这些行为对具体的团队指标有多大影响？
- 基于数据，我们该给出什么行动建议？

在 AI 的指导下，小刘开始学习如何使用相关性分析。AI 耐心解释道："相关系数告诉我们两个变量之间的关联程度。比如 0.58 的相关系数表明，营造创新氛围与团队表现存在很强的正相关。"

当她困惑于如何处理原始数据时，AI 还教她使用编程语言 Python 进行数据分析，一步步向她展示代码和可视化方法。渐渐地，数据开始展现出它的含义：

- 营造创新氛围最为关键，能使创新提案数量增加 25%。
- 跨团队协作可以使项目周期缩短 15%。
- 开放包容的氛围能使团队满意度提升 16%。

"但光有数据还不够，"AI 提醒道，"我们需要将这些发现转化为可执行的方案。"于是，小刘和 AI 又深入讨论了如何将数据洞察转化为分阶段的行动计划，包括短期的每周创新分享机制和中期的创新文化体系构建。

最后，一份专业的分析报告诞生了，它不仅有清晰的数据可视化呈现，还包含了翔实的影响分析和具体的行动建议。这份报告得到了管理层的高度认可，也为公司的管理改进指明了方向。

这个过程让小刘意识到：在 AI 的协助下，即使没有深厚的统计学背景，也能完成专业的数据分析工作。AI 不仅提供了技术支持，更重要的是，它能够帮助使用者理解数据背后的含义，并将分析结果转化为实际可行的方案。

正如小刘所体验的，AI 正在改变传统的工作方式：它不是简单地代替人工分析，而是通过互动式的指导，帮助工作者提升专业能力，从而创造出更有价值的分析成果。这种人机协同的模式让专业分析不再只能依靠少数专家，而成为每个企业都可以掌握的能力。

（3）从数据到行动，形成反馈闭环

"数据分析完了，每个管理者也拿到了自己的360度测评结果，但如何帮助他们真正理解结果并改进工作呢？"项目负责人陈经理看着每个人的分数陷入了深思。以往的360度测评往往止步于数据反馈，缺乏有效的跟进和改进闭环。这次，他决定尝试借助AI来打造一个更完整的管理者发展体系。

经过深入思考，陈经理首先向AI说明了需求："我们需要将这些枯燥的数据转化为有意义的反馈。每个数据背后都蕴含着丰富的信息，我们要帮助管理者看到这些数据背后的含义。"AI随即建议采用"优势导向+发展建议"的框架，并帮助设计了一个智能化的报告生成系统。

报告的开篇是一张清晰的能力雷达图，这张图展现了管理者在各个维度上的表现。这种可视化的呈现方式让管理者能够一目了然地看到自己的能力分布情况。紧接着，一个横向对比图展示了该管理者个人与团队平均水平的差异，这让管理者能够清楚地了解自己在团队中的相对位置。详细的维度得分清单则进一步细化了该管理者在每个评估指标上的具体表现。

AI 在生成报告时特别注重数据的解读与分析。它会自动识别得分超过 4.0 的项目，将其标注为"突出优势"。比如，一个管理者在"主动寻求并推动团队协作机会"上的得分为 4.2 分，这显然是这位管理者的一个突出优势。同时，AI 也会关注得分低于 3.5 的维度，比如一个管理者在"定期组织团队进行经验分享"上得了 3.3 分，这便成为该管理者需要重点改进的领域。每个得分都配有具体的行为描述，这让反馈变得更加具体和可操作。

为了让每位管理者真正理解自己的报告，AI 设计了一个深度交互式的解读过程。它会引导管理者思考："在协作方面取得 4.2 分的高分，这背后对应着怎样的管理实践？这些成功的经验如何被复制到其他领域？"同时，对于得分较低的项目，如在"定期组织团队进行经验分享"方面管理者只得了 3.3 分，AI 会帮助管理者分析背后的原因："在组织团队进行经验分享时，是否遇到了时间安排的困难？团队成员的参与积极性如何？如何能够将这个过程变得更加有价值？"

基于这些深入的解读，AI 会为每位管理者量身定制发展计划。这个计划不是简单的任务清单，而是一个循序渐进的成长路径。在短期，也就是未来的 1～3 月内，管理者需要着手建立起固定的团队复盘机制。这不是仅仅进行简单的会议安排，而是要设计出一套能够真正促进团队学习和经验沉淀的方法论。同时，对于创新项目的推进，需要建立起清晰的里程碑追踪体系，确保创新不是停留在想法层面，而是能够真正落地实施。

在中期，也就是3～6月的时间里，发展计划的重点则放在了管理流程的系统化优化上，这包括如何将个人的管理经验转化为可复制的最佳实践、如何建立起支持创新的资源调配机制等。这些计划都不是孤立的任务，而是相互关联、循序渐进的发展步骤。

为了确保这些计划不会流于形式，AI设计了一个动态的跟进系统。每周，管理者都会通过与AI助手对话记录下自己的关键行动和心得体会。这些记录不是简单的工作日志，而是经过AI分析后生成的进展报告，帮助管理者及时发现执行中的问题和机会。

到了月底，AI会基于这些周报数据，生成一份更加全面的月度改进报告。这份报告不仅总结了上一个月的进展，更重要的是，它会根据实际执行情况，对发展计划进行必要的调整。比如，如果发现某个改进措施在实践中遇到了预期之外的挑战，AI会及时提供替代方案或调整实施节奏。

每个季度，管理者都会收到一份新的360度测评反馈。这时，AI会将新的评估数据与之前的基线数据进行对比，生成详细的进步报告。这种定期的效果评估确保了发展计划始终锚准正确的方向,同时也给管理者提供了清晰的进步反馈,增强其持续改进的动力。

这种 AI 辅助的管理者发展模式在实践中取得了显著的效果。绝大多数参与项目的管理者表示,他们对自己的优势和发展方向有了前所未有的清晰认识。更重要的是,在 AI 的持续辅导下,大部分改进计划都得到了切实的执行,而不是停留在纸面上。团队的整体满意度和创新指标表现都得到了明显提升。

正如陈经理在项目总结时所说的:"AI 就像一个始终在线的教练,它不仅能够智能化处理数据,生成洞察,更能够通过持续的对话和跟进,帮助每位管理者找到最适合自己的成长路径。它既有专业知识的深度,又能因人施教,真正实现了管理者的个性化发展。"

这种将数据驱动与 AI 赋能相结合的管理者发展模式正在重新定义组织的人才发展方式。它让管理能力的提升变得更加科学、系统和有效,也为组织的持续发展提供了强有力的支撑。通过这种模式,每位管理者都能够在数据的指引和 AI 的陪伴下,走上一条适合自己的成长之路,最终实现个人与组织的共同发展。

8.1.4 AI 赋能，让数据驱动的管理不再只有大企业才能做到

传统的数据驱动的管理往往需要强大的人才储备、完善的技术基础设施和持续的资源投入，这使得它在很长一段时间内都只有大企业才能做到。然而，AI 技术的出现正在从根本上改变这一现状。

正如上述案例的陈经理在项目总结时所说的："AI 就像一个始终在线的数字化顾问，它不仅打破了传统的人才壁垒，让专业水准的数据分析变得触手可及，更通过其可随时调用的特性消除了技术门槛。它就像为企业配备了一个'永不疲倦'的专家团队，而成本却大大降低。这让我们这样的中小团队也能享受到企业级的管理服务。"

这种 AI 赋能的数据驱动的管理模式正在重新定义组织的运营方式。它让精细化、科学化的管理不再只有大企业才能做到，也为中小企业的数字化转型提供了可行的路径。通过这种模式，各种规模的企业都能在 AI 的助力下构建起适合自身特点的数据驱动的管理体系，最终实现组织的持续健康发展。

8.1.5 利用 AI 打造智能组织

AI 让数据驱动的管理从只有大企业才能做到走向普惠化，这种变革更深层的意义在于，AI 正在帮助企业突破传统数据分析的局限，构建真正的智能化组织。

在数字化转型的浪潮中，"数据驱动决策"已成为企业管理的共识。然而，当我们仔细审视企业的数据驱动的实践时，会发现一个有趣的现象：我们真的在利用"全部"的数据吗？

传统的数据分析往往局限于结构化数据这个冰山一角。以企业培训为例，我们习惯于统计培训时长、课程数量、考核成绩等量化指标。但在企业的日常运营中，真正珍贵的信息往往隐藏在大量的非结构化数据中，这些非结构化数据包括员工在培训过程中的讨论和发言、课后的心得体会、工作中的实践反馈，甚至是团队协作时的即时通信记录。这些数据可能占企业总数据量的 90% 以上，却因为难以进行量化和分析而长期被忽视。

一位资深的人力资源总监曾经感叹说："有些员工的贡献无法用简单的数字来衡量。他们在会议中提出的一个关键建议，在即时通信群组里分享的一个创新想法，或是在项目文档中记录的一段深刻思考，这些都可能对企业产生重大影响。但在传统的数据分析框架下，这些'软性'的贡献往往难以被捕捉和评估。"

8.1.6　生成式 AI：解锁数据价值的新钥匙

生成式 AI 的出现正在从根本上改变这一局面。它不仅能够理解和分析文本、语音、图像等多模态数据，更重要的是能够从这些非结构化数据中提取有价值的洞察。这种能力让企业第一次拥有了构建起真正的"全景式"组织智能的可能。

以上海一家物业公司的实践为例。该公司将生成式 AI 应用于晨会管理，系统能够实时分析会议录音，自动提取关键决策事项、任务分配和时间节点，并对潜在的风险进行智能预警。这不仅提升了管理效率，更重要的是让原本"说过就忘"的会议内容转化成了可追踪、可分析的组织资产。通过持续积累这些日常沟通数据并对其进行分析，管理层能够更清晰地了解团队的工作动态、发现潜在的问题，甚至预测可能的风险。

生成式 AI 带来的不仅是技术层面的突破，更是组织管理思维的革新。当我们能够充分利用所有形式的数据时，组织的"智能"将呈现出全新的面貌。

- 全维度的人才洞察　从简单的工作量统计扩展到对员工贡献的全方位评估。系统可以分析员工在各类沟通渠道中的表现，识别出那些在创意提案、问题解决、团队协作等方面表现突出的人才。
- 知识的动态流动　企业内部的知识不仅存在于正式的文档中，也出现在日常的交流、讨论和实践中。生成式 AI 能够持续捕捉和整理这些"动态知识"，这不仅提高了知识的可访问性，更重要的是增强了组织从日常运营中持续学习的能力，让知识的动态流动真正转化为组织的创新动力和竞争优势。
- 预测性的组织管理　通过对大量的非结构化数据进行分析，管理者能够及早发现潜在的问题和机会。例如，从员工的日常沟通中识别出团队氛围的变化，或是从项目讨论中预判可能存在的进度风险。

8.1.7　迈向真正的智能组织

一家制造企业的 CIO 这样描述该企业的转变："过去，我们只能看到数据库中整齐排列的数字，现在，我们能听到车间里的每一次讨论，看到文档中的每一个想法，理解会议中的每一个决策。这让我们第一次真正理解了组织是如何'思考'和'运转'的。"

生成式 AI 正在帮助企业构建前所未有的"组织感知系统"。这个系统不仅能处理结构化的业务数据，还能理解和分析组织中的每一次互动、每一份文档、每一个想法。通过这种全方位的数据洞察，企业能够：

- 更准确地评估人才价值
- 更高效地传递组织知识
- 更敏锐地预测发展机遇
- 更及时地应对潜在风险

这不仅是数据分析能力的提升，更是组织智能的质的飞跃。当企业能够充分理解和利用所有形式的数据时，真正的智能组织才开始成为可能。

8.2　数据驱动的管理的价值观思考

8.2.1　数据驱动的管理一定会让组织更内卷吗

早晨 7:58，李明刚刚走进公司大门。他用员工卡刷开了门禁，智能门禁系统不仅记录下他的到达公司的时间，还实时更新了他在办公楼内的位置信息。李明走进电梯，心不在焉地瞥了一眼手机上的工作 app，上面显示他昨天发送了 37

条工作消息，参加了 3 个小时的会议，最后一条邮件是在晚上 9:23 发出的。

他叹了口气，想起昨晚临睡前收到的系统提醒："您本周的工作时长已超过 55 小时，请注意劳逸结合。"李明不禁苦笑，这哪里是提醒，分明是变相的督促。在这个数字化的时代，每个员工的一举一动似乎都被精确地记录和量化了——几点到公司、几点下班、发了多少条消息、和谁开了多长时间的会，甚至连上厕所的频率都可能被某个隐蔽的传感器默默记录了下来。

李明忍不住想，难道我们要在这个科技高度发达的时代重新采用美国经济学家弗雷德里克·泰勒的科学管理方式吗？科学管理理论认为，工人可以被视为可被精确测量和控制的机器部件。现在，我们是不是又将员工物化、工具化了，并把他们视作企业中微不足道的数据点？如果真是这样，那么数据驱动的管理岂不是完全偏离了其初衷？

数据驱动、算法和人工智能，这些听起来令人振奋的技术进步，是否正在将我们推向一个更加内卷、更加去人性化的工作环境？李明站在自己的办公桌前，望着窗外繁忙的都市景象，陷入了沉思。

8.2.2 数据驱动背后的价值观导向

技术本身是中性的。同样是数据驱动的管理，不同的价值观导向会带来截然不同的结果。让我们看看两家科技巨头的例子。

谷歌长期被《财富》杂志评为"最适宜工作的公司"之一。在谷歌，数据不仅用于提升效率，更被用来创造富有人文关怀的工作环境。其标志性的项目"氧气计划"始于 2008 年，通过分析数万份员工调查问卷、绩效评估和晋升记录，识别出优秀管理者的关键行为。研究发现，最重要的管理者行为并非技术方面的表现，而是"做一个好的教练""赋能团队，避免微观管理"等偏向人文关怀的行为。谷歌据此重新设计了管理者培训体系，使管理者评估指标不再局限于团队业绩，还包含团队氛围和员工成长等维度。

此外，谷歌著名的"20% 时间"政策（允许工程师将 20% 的工作时间用于自选项目）也是数据驱动与人文关怀的结合。虽然这个政策现在已经有所调整，但 Gmail、Google News 等多个重要产品的诞生都源于这一政策。谷歌还利用数据改善员工福祉，例如其食堂运用"谷歌食品实验室"的数据分析，通过改变健康食品的摆放位置、使用较小的餐盘等方式，帮助员工做出更健康的饮食选择。

相比之下，亚马逊的仓库管理系统则展现了数据驱动的另一面。根据 2021 年《纽约时报》的调查报道，亚马逊的仓库管理系统使用算法严格监控工人的闲置时间。系统会追踪工人扫描包裹之间的时间间隔，如果间隔过长，就会自动发出警告。这种做法导致一些员工不得不减少上厕所的次数，甚至放弃休息时间。数据显示，2020 年亚马逊仓库员工的严重工伤率为 5.9/100 名员工，远高于行业平均水平。

更令人担忧的是，亚马逊的系统会自动生成员工表现报告，如果某位员工的闲置时间过多，系统甚至会自动启动解雇程序。2021 年，一份内部文件显示，仅在一个配送中心，就有近 300 名员工因未达到生产率要求而在一年内被解雇。这种完全由算法驱动的管理方式，将人完全视作可计算、可替换的资源。

这两个极端的案例揭示了一个关键问题：数据驱动的管理的核心在于如何定义"目标函数"（objective function）。当我们说要优化某个指标时，这个指标的背后其实隐含着组织的价值观导向。谷歌将员工发展、团队氛围、创新能力等软性指标纳入目标函数，而部分企业则仅关注效率、速度等硬性指标。

在谷歌，数据驱动的管理不是用来替代人性化管理的，而是用来增强人性化管理的。例如，谷歌的 gDNA 研究项目持续追踪员工的工作状态和幸福感，并据此调整政策以帮助员工实现工作与生活的平衡。

这种思路正在影响越来越多的企业。日立公司开发的"幸福度传感器"通过分析员工的行为数据来测量组织的整体幸福指数，并将这一指标作为重要的管理参考。微软则利用其 Microsoft Viva 平台，通过数据分析帮助员工避免过度工作和倦怠。

这些实践表明，数据驱动的管理本身并不必然导致内卷或去人性化，关键在于企业如何定义成功、如何设置目标函数。当我们将员工的成长、幸福感和工作体验纳入目标函数时，数据驱动反而能帮助我们创造更人性化的工作环境。

8.2.3 数据使用的伦理与平衡

在确立了以人为本的价值观和目标函数后，组织面临的下一个重要挑战是如何恰当地使用数据。这个问题远比看起来复杂，因为它涉及隐私保护、决策公平性以及算法偏见等多个敏感而又棘手的伦理问题。

（1）算法、数据与个人隐私

在当今的数字化工作环境中，几乎每个员工的一举一动都可能被记录和分析。从电子工牌记录的进出时间到内部通信软件的沟通频率，再到工作站的活跃度，这些看似微不足道的数据点汇聚在一起，可以勾勒出一个人相当完整的数字画像。这种数据收集虽然可能出于提高效率的良好初衷，但也不可避免地触及了个人隐私。

让我们来看一个真实的案例。2016 年，南非约翰内斯堡的一家媒体公司 Ornico 引入了员工追踪系统，通过电子工牌记录员工的位置和活动。公司声称这是为了提高效率，但很快引发了员工的强烈反对，最终公司不得不取消这一计划。这个案例生动地展示了数据收集与隐私保护之间的紧张关系。

那么，组织应该如何在获取有价值的洞察和尊重员工隐私之间找到平衡点呢？以下几个原则可供参考。

- 透明度原则　明确数据收集的目的和使用范围，并获得员工的知情同意。
- 最小化原则　只收集真正必要的数据，避免过度收集。
- 访问控制原则　设置严格的数据访问权限，确保敏感信息只有必要的人员才可以查看。
- 赋权原则　为员工提供查看和控制自己数据的途径。

然而，即使遵循了这些原则，我们仍然面临着一个更深层次的问题：如何防止个人被过度简化为一系列的数字和标签？

（2）困在数据中的人：个人被标签化的风险

随着大数据分析技术的发展，我们越来越容易将复杂的个体简化为几个关键指标。这种"数字化身份"虽然便于管理和分析，但也带来了严重的伦理风险。其中最典型的就是AI系统的偏见问题。这些偏见可以分为三个相互关联但概念不同的类别，即数据偏见、算法偏见和解释偏见。

数据偏见：偏见的源头

数据偏见是指训练数据本身存在的不平衡或偏差，是AI系统偏见最根本的来源。当历史数据中存在性别歧视、种族歧视或其他形式的不平等时，基于这些数据训练的模型会学习并复制这些偏见。

2014年，亚马逊开始开发一个AI招聘工具，那时它就遇到了这样的问题。该公司尝试构建一个基于AI的系统来筛选求职者简历，但机器学习专家发现所用算法对女性求职者产生了系统性的偏见。原因在于，该算法的训练数据是公司过去十年的招聘数据，而这些数据主要来自由男性主导的技术岗位，导致算法将"男性"与"优秀"建立了强相关。

结果，当简历中出现"女子"或"女性"等关键词时，系统会自动降低评分。尽管亚马逊尝试修复这些问题，但最终在2018年决定放弃这个项目。

一项研究发现，在一个照片数据集中，烹饪相关的照片主人公为女性的照片比主人公为男性的照片多33%，但算法却将这一比例放大到了68%。

这些现象表明，即使是轻微的数据偏见也可能被AI系统显著放大，进而产生更严重的偏差。数据偏见往往反映了社会中长期存在的结构性不平等，当这些不平等被编码到数据中时，AI系统就会不自觉地成为这些不平等的延续者和放大器。

算法偏见：算法设计与实现中的问题

算法偏见是指在算法设计、特征选择和模型构建过程中引入的偏差。即使使用了相对平衡的训练数据，算法本身的设计和参数选择也可能导致偏见。某些招聘算法可能过度重视与工作表现关系不大的信息，如求职者的名字或毕业院校，从而导致筛选结果出现系统性偏差。这种偏见往往更具技术性和隐蔽性，需要进行专业的算法审核才能发现。算法偏见的危险之处在于，它可能以看似客观、中立的技术决策为掩护，使得歧视变得更加隐蔽和难以察觉，同时由于算法的规模化应用，这种偏见可能对大量个体产生影响。

解释偏见：人机交互中的盲点

解释偏见是指人们在解读和应用算法结果时引入的主观偏见。即使数据和算法都相对公平，最终使用这些结果的人类决策者也可能带入新的偏见。有些管理者可能过度依赖数据，将算法输出的结果视为绝对真理，忽视具体环境中的特殊因素；也有些管理者可能用自己已有的偏见去解读本来中性的数据结果，从而强化了刻板印象；更常见的是，决策者可能选择性地接受那些符合自己预期的算法结果，而质疑或忽视那些挑战自己观点的结果。解释偏见提醒我们，即使技术本身是中立的，人类在使用技术的过程中仍然可能引入主观因素，因此提高决策者的算法素养和批判性思维十分重要。

面对这些多维度偏见的挑战，组织需要建立一个全面的治理框架。在数据层面，组织应确保训练数据的代表性和多样性，定期审核数据集是否存在潜在偏见，必要时通过数据增强或平衡技术来减少偏差。在算法层面，设计者应在算法中融入公平性约束，采用可解释 AI 技术提高决策过程的透明度，并进行严格的偏见测试和审核。在人机交互层面，组织要培养健康的数据文化，强调人机协同而非完全依赖技术，同时提升决策者对算法局限性的认识和批判性思维。

通过这种多层次的治理方法，组织才能真正减少在 AI

系统使用过程可能存在的偏见，确保技术进步不会以牺牲公平为代价。重要的是，这种治理不应被视为一次性工作，而应成为组织持续改进的一部分，随着技术和社会的发展不断调整和完善。

未来，随着技术的发展，我们可能会看到更多创新性的数据使用方式。区块链技术可能为个人数据管理提供新的解决方案，联邦学习等技术可能帮助组织在更好保护隐私的同时进行有效的数据分析。但无论技术如何发展，数据驱动管理的核心始终应该是服务于人的发展，而不是相反。只有在这个前提下，我们才能真正实现数据驱动管理的承诺，创造更加高效、公平和充满人性的工作环境。

8.3 小结

数据驱动正在深刻改变现代组织的管理方式。这种转变不仅仅是技术层面的升级，更是决策和管理思维的根本性变革。传统的人治模式主要依赖管理者的经验和直觉，而数治模式则借助大数据分析和算法决策，试图建立一个更加客观、高效和公平的管理体系。

这种转变带来了显著的好处，如决策客观性的提高、效率的大幅提升和资源分配的优化。然而，它也伴随着诸多挑战，包括算法偏见、透明度问题、人性化管理的平衡以及隐私保护等。组织需要在技术基础设施、数据文化、决策流程和伦理等多个层面做出调整，以适应这一新的管理模式。

理想的状态是实现人机协作的管理模式，即利用算法处理海量数据和复杂计算，而人类则负责制定战略、处理特殊情况，并对算法结果进行解释和应用。这需要组织建立健全的治理机制，包括制定算法审核规范、数据使用规范和隐私保护政策等，同时通过持续的教育和培训，帮助所有成员适应这种新的工作方式。

从"人治"到"数治"的转变是组织管理的一次重大革新，它为提高效率、优化决策提供了强大的工具。然而，成功的转型需要技术、文化和管理方式的全面变革，以及对人性化和伦理问题的持续关注。在这个过程中，组织要保持开放和灵活的态度，不断调整和优化，以充分发挥数据和算法的潜力，同时要坚持以人为本，履行好社会责任。

后　记

在即将完成这本探索如何利用数据驱动组织管理的书时，我不禁想起了那个在许多企业中普遍存在的矛盾：企业收集和积累了大量的数据，却未能有效地利用这些数据指导决策和实践。许多管理者坦言，他们拥有海量的数据，却仍如在迷雾中前行。

写作本书的过程让我深刻体会到了中国企业数字化转型的独特挑战与机遇。一方面，中国企业见证了技术的快速迭代，生成式 AI 的出现使得数据分析能力不再是科技巨头的专属；另一方面，我们也看到许多企业在"数据过载"的困境中挣扎，陷入了"数据丰富但洞察匮乏"的困境，甚至选择采用以打卡时间和在线时长来衡量员工贡献的简单管理方式。

本书中数据驱动的思维本质上是一种从数据中发现内在规律的方法——通过对数据进行系统的分析，揭示那些挑战我们直觉的关联，找出真正能撬动组织效能的关键抓手。这种方法将复杂的组织现象分解为可测量的变量关系，从而帮助管理者从千头万绪中找到真正有效的行动路径。令人欣慰的是，我看到越来越多的管理者开始摒弃"拍脑袋决策"，转而拥抱数据驱动的科学方法。

然而，数据终究只是工具而非目的。撰写本书期间，生成式 AI 的爆发式发展使我更加确信，在追求数据精确性和算法效率的同时，我们不能忘记组织管理的本质仍然是对"人"的管理。数据驱动的管理并非简单地用"数治"取代"人治"，而是让我们能够更科学地理解人的行为规律，更精准地激发人的潜能，更有效地促进人的发展。

我深入研究了无数企业，也从许多组织中获得了一手的数据，并深挖其中的规律。这些不仅充实了本书的内容，也验证了确实可以利用数据产生突破性洞见，帮助组织从经验决策迈向更科学的管理。

技术在不断进步，管理理念在不断更新，本书无法也不试图提供所有问题的最终答案。我希望它能成为一座桥梁，联结传统管理智慧与数据科学方法,帮助中国企业在数字化转型的浪潮中找到自己的方向。

"工欲善其事,必先利其器",数据和 AI 是现代管理者的利器,但真正的智慧决策不仅来自对工具的熟练运用,更来自对组织本质的深刻理解,以及对人文关怀和价值观的坚守。在这个大数据与 AI 的时代,保持对数据的敬畏、对人的尊重或许是我们能给出的最重要的管理建议。